明日から使える

慣用句

京都書房ことのは新書
001

はじめに

たとえばハイキングに行ったとき、だれかが「もう足が棒になったよ。」と言ったとします。それを聞いた人は、「あの人はずいぶん歩き疲れたようだな。」と思いますが、だれもその人の足が本当の棒になったとは思わないでしょう。この「**足が棒になった**」が慣用句です。慣用句は、ある状態や気持ちをたとえた表現が**人口《じんこう》に膾炙《かいしゃ》され**（これも慣用句です。意味は93ページ）、長い年月を経て、この言い方はこういう状態をたとえたもの、とだれもが思うようになった表現のことです。うまく使えば自分の気持ちを的確に表すことができ、そしてみんながそれをわかってくれる、非常に便利な表現です。

また、慣用句を使えば婉曲な表現や言葉遊びのような、ちょっとしゃれた言い方をすることができます。たとえば、「**足が出た**。」と言えば、赤字になったことを遠回しに伝えることができます。「おかしなことを言うなよ。」だと直接的でかちんと来ますが、「そんなことを言うと**へそが茶を沸かす**よ。」だとけんかにならずにすみそうです。これが慣用句の力です。

こんなおしゃれで日本語のエッセンスのぎゅっと詰まった言葉を使いこなさない手はありません。

ただ、慣用句を間違って使うとおかしなことになります。

「一生懸命頼んだのに、取りつく暇もない応対だった。」と言うと笑われます。「先生、馬齢を重ねられましたね。」と言うと怒られます。正しく覚えて正しく使いたいものです。

この本は、京都書房の国語総合資料集の、慣用句の項目をもとにして作りました。古典や現代文を理解するのにまず大切な、基本的な慣用句を取り上げているのが大きな特長です。また、間違いやすい慣用句の言葉や意味について、クイズ形式で読める章を設けました。慣用句を調べるだけではなく、慣用句の知識をチェックしたり、友達と問題を出し合ったりするのに使ってください。各項目の先頭にはチェックボックス（□）がついています。言葉のチェックに利用してください。

慣用句が皆さんにとって、より身近で楽しいものになるお手伝いができれば幸いです。

目次

誤りやすい慣用句

歯牙にもかけない

間髪を容れ

うしろ髪を引かれる

熱にうかさ

愛敬をふりまく

青息吐息

舌先三寸

二の句がつげない

陣頭指揮を

Q.下の慣用句の間違いを正しなさい。

愛想をふりまく

押しも押されない

遺《い》髪《はつ》を継ぐ

＊解答は次ページ。

□ 愛敬《あいきょう》をふりまく

複数の人に人当たりよく接する。「愛想」も「愛敬」も、人に対して示す好意やかわいらしさのこと。「愛想」は「愛想笑い」「愛想をする」などと使われる。

□ 押しも押されもしない

「自分から人を追い落とそうと押すことがなく、また人から邪魔だと押されることもない」ことから、実力があって堂々としたようす。「押しも押されない」では、自分から押すが、人からは押されない、といった不安定な状態になる。

□ 衣鉢《いはつ》を継ぐ

その道の奥義《おうぎ》を受け継ぐ。前人の事業などを受け継ぐ。「衣鉢」は、僧の必需品である袈裟《けさ》と鉢（托鉢《たくはつ》に使う）のこと。弟子が師僧から衣鉢を与えられると、教えを継いだ証《あかし》になる。「遺髪」は亡くなった人の形見の頭髪のこと。

Q. 下の慣用句の間違いを正しなさい。

陣頭指揮を振る

堂にはいる

しろうとはだし
（の腕前）

＊解答は次ページ。

□ **陣頭指揮をとる**

人の上に立って指図する。「指揮を振る」と間違われるのは、同じ意味の「采配《さいはい》を振る」と混同するため。「采配」は、戦国武将が自軍の指揮をとるために振った道具。なお、オーケストラの指揮者は「指揮をとる」ために「タクトを振る」。

□ **堂に入《い》る**

学術や技芸などが、奥義《おうぎ》を究《きわ》め優れている。すっかり慣れて身についている。「入《い》る」は「入《はい》る」の昔の言い方。「悦《えつ》に入《い》る（↓P.82）」「気に入《い》る」のように、昔からある言葉は、今でも「いる」と読むことが多い。

□ **くろうとはだし（の腕前）**

「くろうとも裸足《はだし》で逃げる」という意味で、素人《しろうと》ながら大変優れているようす。「くろうと」は「玄人」と書き、プロのこと。「素人」を使うなら「素人離れした（腕前）」になる。どちらも素人をほめるときに使い、プロには使わない。

Q.下の慣用句の間違いを正しなさい。

二の句が出ない

(話に)水をかける

言《げん》を濁す

＊解答は次ページ。

□二の句がつげない

驚いたりあきれたりして次の言葉がなかなか出てこないようす。「二の句」は、朗詠の用語。第一句から二の句に移るとき急に高音になって、続けてうたうのがきわめて難しいことから、この言葉ができたといわれている。

□(話に)水を差す

盛り上がっている話題に対して、不安をあおったり嫌な気持ちにさせたりする。話題の邪魔をする。話に水はかけられない。ただし、互いに理屈を言い合って果てしなく争うことは「水かけ論」という。

□言葉《ことば》を濁す

都合が悪いことなどを、曖昧《あいまい》に言ってはっきり言わない。一時逃れにごまかしを言うのは「お茶を濁す」という。「言《げん》」を使う慣用句には、「言を左右にする」がある。あれこれと言うけれど、肝心なことは言わないこと。

Q.下の慣用句の間違いを正しなさい。

取りつく暇もない

風下にも置けない

二の舞を踏む

＊解答は次ページ。

□ 取りつく島もない

おぼれたときに頼りにする島がない状況からできた言葉。頼みにするところがないようす。また、相手がつっけんどんで話しかけるきっかけがつかめないこと。相手に隙《すき》がないときに使うことが多く、「暇がない」と間違われやすい。

□ 風上にも置けない

鼻持ちならない人、卑怯《ひきょう》者をののしって言う言葉。くさいものは風に乗ってにおいがくるため風上に置くことはできない。風下に置くと、においが来なくて問題ないから、「風下にも置けない」では相手をののしる表現にならない。

□ 二の舞を演じる または 二の足を踏む

「二の舞を演じる」は、先人と同じ失敗を繰り返す羽目になること。「二の舞を踏む」ともいうが、「二の舞」は舞楽の曲名であることからも、「演じる」のほうが一般的。「二の足を踏む」は、二歩目が前に出ないことから、ためらって尻込《しりご》みをすること。

Q.下の慣用句の間違いを正しなさい。

汚名を挽回《ばんかい》する

上や下への大騒ぎ

照準を当てる

＊解答は次ページ。

□ **汚名を返上する**

悪い評判を返す。「汚名をそそぐ」ともいう。「挽回」は「取り戻す」ことだから、「汚名を挽回する」だと、汚名を取り戻すというおかしな意味になる。「名誉を挽回する」なら使える。

□ **上を下への大騒ぎ**

秩序がなくなるくらい混乱したようす。上にあるべきものが下に、下にあるべきものが上に、という意味。「上や下へ」だと、上や下に行ったり来たりしているだけである。そういう状態の表現には「右往左往（混乱して秩序なくあちこちすること。）」がある。

□ **照準を合わせる**

狙《ねら》いを定める。もともと鉄砲の狙いをつけることで、的に当てるために、まず照準を合わせるのである。「照準を定める」ともいう。

Q. 下の慣用句の間違いを正しなさい。

的を得る

白《しら》羽《は》の矢を当てる

弓矢を引く

＊解答は次ページ。

□ 的を射る

的確に要点を得ていることを、矢が的を射貫《いぬ》いている状態にたとえたもの。同じ意味の慣用句に「当を得る」「正鵠《せいこく》を得る」がある。

例 私の質問の意味がよくわかったようだね。的を射た説明だ。

□ 白羽の矢を立てる

多くの人の中から、ある役割のために適した人を選ぶ。また犠牲者を選ぶ。神が人身御供《ひとみごくう》（いけにえのこと）として求めた少女の家には白羽の矢が立てられるという俗信からできた言葉。選んだ人に矢を当てたら死んでしまう。

□ 弓を引く

反抗する、背く。特に恩人や目上の人に対しての行動をいう。敵に矢を射かけるときは弓に張った弓弦《ゆづる》を引くのであって、弓も矢も引くと飛ばなくなってしまう。同じ意味の慣用句に「盾を突く」「反旗を翻す」がある。

Q.下の慣用句の間違いを正しなさい。

刀尽き矢折れる

苦《く》汁《じゅう》を味わう

熱にうなされる

＊解答は次ページ。

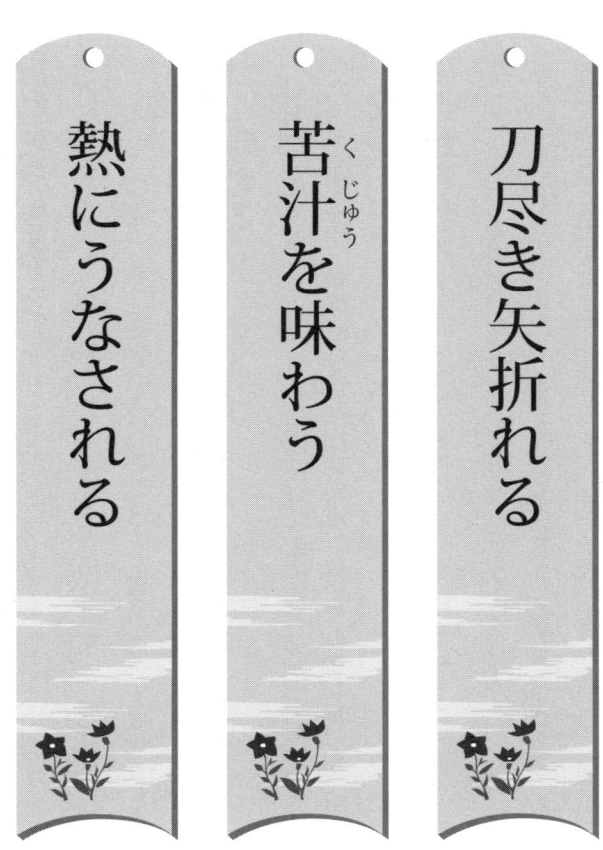

□ **刀折れ矢尽きる**

刀が折れて使えず、矢を使い果たして弓が使えないことから、戦う手段が完全になくなること。ここから、物事を続ける方策がなくなってしまったことをいう。「弓折れ矢尽きる」も同じ意味。

□ **苦汁をなめる**

苦い体験や苦しい思いをする。「苦汁を喫する」ともいう。「苦汁」は苦い汁のこと。また海水を煮詰めて製塩したあとに残る残液、にがりのこともいう。同じ読みの「苦渋《くじゅう》」を使った「苦渋を味わう」は正しい。

□ **熱に浮かされる**

高熱が出てうわごとを言う。ここから、物事に熱中して分別を失う。「うなされる」は、「夢にうなされる」のように、怖い夢などを見て苦しそうな声を立てること。高熱にあえぐことではない。

Q. 下の慣用句の間違いを正しなさい。

一抹《いちまつ》の希望

櫛《くし》の歯が抜けたよう

公算が高い

＊解答は次ページ。

□ 一抹の不安

ほんの少しの不安。「一抹」は、ほんのわずか、かすかの意味。このため、不安、寂しさ、罪悪感などの言葉と結びつき、希望や楽しさなどの明るいイメージの修飾語としてはふつう使わない。わずかの希望は「一縷《いちる》の望み」という。

□ 櫛の歯が欠けたよう

絶え間なく続くはずのものが、ところどころなくなっているようす。櫛は一枚の板から削り出すものなので、差した歯が取れるかのような「櫛の歯が抜けたよう」は誤り。似た意味の慣用句の「歯の抜けたよう」の影響かもしれない。

□ 公算が大きい

「公算」はある事の起こる確実さの度合いのことで、「確率」の古い用語でもある。一般に公算は「大きい」「小さい」で表現する。「公算が高い」「公算が濃い」「公算が強い」「公算が確実だ」などはいずれも誤り。

Q. 下の慣用句の間違いを正しなさい。

寸暇《すんか》を惜しまず

食指《しょくし》をそそる

（将来を見込んで）青田《あおた》刈り（する）

＊解答は次ページ。

□ 寸暇を惜しんで

わずかな暇ももったいないと惜しがるようす。「寸暇を惜しまず」では、少しの暇は惜しいと思わないという意味になる。「煩《はん》を厭《いと》わず」なら、「煩わしいことも嫌と思わない」で、「寸暇を惜しんで」と同じ意味になる。

□ 食指が動く

食欲が起こったり、物事を求める心が起こったりする。食指は人差し指のことで、中国、鄭《てい》の子公が人差し指が動くのを見て、ごちそうにありつく前触れと言ったという故事からできた言葉。「そそる」なら「食欲をそそる」。

□ (将来を見込んで)青田買い(する)

「青田買い」は、稲の成熟前にその田の収穫量を見越して米を買う契約をすること。そこから、企業が将来性を見込んで卒業前の学生と就職の契約をする意味になった。「青刈り」「青田刈り」は、肥料にするため、穀類を未成熟のうちに刈ること。

Q.下の慣用句の間違いを正しなさい。

苦虫《にがむし》をかんだ顔

蜘蛛《くも》を蹴散《けち》らす

蟻《あり》のはいり込む隙《すき》もない

＊解答は次ページ。

□ 苦虫をかみつぶした顔

顔をゆがめた非常に不愉快そうな表情のこと。「苦虫」とは、もし、かんだら苦いだろうと想像されるような虫。

□ 蜘蛛《くも》の子を散らす

蜘蛛の子が入っている袋を破ると、中の蜘蛛の子が四方八方に散っていくことから、大勢の人が一斉にちりぢりに逃げ出すようす。蹴散らす必要はない。

□ 蟻《あり》のはい出る隙もない

周りを厳重に取り囲まれて、逃れ出る隙のないようす。忍び込むのではなく、逃げ出す隙間がないことを意味する慣用句。

Q.下の慣用句の間違いを正しなさい。

顔をうかがう

怒り心《しん》頭《とう》に達する

髪を丸める

＊解答は次ページ。

□ 顔色をうかがう

相手の表情によって気持ちを察すること。また、相手の態度を気にすること。「顔色」は表情・機嫌のこと。「顔色を見る」「鼻息をうかがう」ともいう。

□ 怒り心頭に発する

心の底から怒りが激しくこみ上げる。「心頭」は、心と頭ではなく、心のこと。「心頭を滅却《めっきゃく》すれば火もまた涼し」は、「心の持ちようでどんな苦痛でもしのげる」という意味。

□ 頭を丸める

出家をする。髪を剃《そ》ることから。「髪を下ろす」も同じ。髪を丸めると髷《まげ》になってしまうので出家はできまい。「負けた責任を取って頭を丸める」のは、反省や謝罪を示すために坊主頭にすることで、出家ではない。ちなみにこれは日本独特の習慣らしい。

Q. 下の慣用句の間違いを正しなさい。

あと髪を引かれる（思い）

間髪《かんはつ》を移さず

木で花をくくる

＊解答は次ページ。

□ うしろ髪を引かれる（思い）

未練があってきっぱりと思い切ることができないこと。うしろ髪は頭の後ろの方の髪のこと。「後髪」と書いてあっても「あとがみ」とは読まない。ちなみに「チャンスの神様にはうしろ髪がない」といわれる。幸運は真正面からつかめということか。

□ 間髪を容《い》れず

間に髪の毛一本入る隙間《すきま》もないことから、少しのゆとりもないようす。ここから、「とっさに、即座に」という意味になった。もともと「間《かん》に髪《はつ》を容《い》れず」という漢文の読み下し文からできた言葉なので、「間髪」は「カンハツ」と読む。

□ 木で鼻をくくる

相手からの相談や要求に対して、無愛想に応対したり冷淡にあしらったりする。もともとは「木で鼻をこくる（「こする」のこと）」だったのが、誤用され「木で鼻をくくる」になった。類義の言葉に「木で鼻をかむ」がある。

Q. 下の慣用句の間違いを正しなさい。

口車《くちぐるま》を合わせる

青色吐《と》息《いき》

酸《す》いも辛いもかみ分ける

＊解答は次ページ。

□ 口車に乗る

巧みに言いくるめられてだまされる、おだてられる。相手をだますことを「口車に乗せる」という。「合わせる」は「口裏を合わせる」で、前もって相談しておいて、複数の人の話が一致するように企てること。

□ 青息吐息

困って弱り切ったときに出すため息のこと。またそのようなため息の出る状態。一九八〇年代に「桃色吐息」という歌が大ヒットした。どうやらそれ以来、「青色吐息」という間違いが増えたようである。

□ 酸いも甘いもかみ分ける

経験を積んで、世間の微妙な事情や人情の機微に通じて分別がある。つらいことも楽しいことも経験しているという意味で、「酸い（酸っぱい）も甘いも」となる。「酸いも辛いも」だと、つらい経験ばかりになってしまう。

Q. 下の慣用句の間違いを正しなさい。

＊解答は次ページ。

舌先三寸

三寸ほどの小さい舌、実を伴わない言葉のこと。「舌先で言いくるめる」、「舌三寸で言いくるめる」ともいう。

舌の根の乾かぬうち

言い終わるか、言い終わらないうち。言い終わってすぐに、さっき言ったこととは反対のことを言ったりしたりすることを非難していう言葉。

抜き差しならない

抜くことも差すこともできないようすから、動きがとれずどうしようもないようす。「進退窮まる」「にっちもさっちもいかない」も同じ。「退《の》く」を使うなら、「退《の》っ引《ぴ》きならない」。退くことも引くこともできない困った状態のこと。

Q.下の慣用句の間違いを正しなさい。

鼻にもかけない

頭をかしげる

耳をかしげる

＊解答は次ページ。

□ 歯牙《しが》にもかけない

無視して問題にしたり相手にしたりしないようす。同じ意味の慣用句に、「洟《はな》も引っかけない」「目もくれない（↓P.128）」がある。「鼻にかける（↓P.137）」は、自慢するという意味の慣用句だが、「鼻にもかけない」とはいわない。

□ 首をかしげる

不審に思ったり理解できなかったりして首を傾ける。首をかしげると頭も耳も傾くが、「頭をかしげる」や「耳をかしげる」とはいわない。

例その発言があまりに難解なので、大部分の出席者が首をかしげた。

□ 耳を傾ける

相手が言っていること（発言、世論なども含む）を謙虚に聞こうとする。聞こえてくる音を注意してよく聞く。傾聴する。

Q.下の慣用句の間違いを正しなさい。

憂《う》き身を抜かす

心を仕《し》留《と》める

気の置ける（楽しい旅行）

＊解答は次ページ。

□ **憂き身をやつす**

身のやせ細るほど物事に熱中する。夢中になる。「憂き身」は、つらいことの多い身の上。「抜かす」は「うつつを抜かす（→P.80）」で、ある物事や人物に心を奪われて夢中になること。どちらも批判的なニュアンスで使うことが多い。

□ **心を射止める**

相手の心を自分のものにする。「射止める」は射当てて自分のものにする意味がある。「仕留める」は殺すことなので、心を仕留めたら相手は死んでしまう。

□ **気の置けない（楽しい旅行）**

遠慮や気兼ねがいらないようす。リラックスできる楽しい旅行は「気の置けない旅行」。「気が置けない人」は、気遣いなく心から打ち解けることのできる人。

Q. 下の慣用句の間違いを正しなさい。

精魂《せいこん》尽きる

爪《つめ》の垢《あか》を飲む

へそをかむ

＊解答は次ページ。

□ 精根《せいこん》尽きる

精神的にも肉体的にも限界に達する。「精も根も尽き果てる」ともいう。「精根」は物事をするのに必要な心身の精力と根気のこと。「精魂」は「精神、たましい」の意味で、「精魂込める」などと使う。

□ 爪の垢を煎《せん》じて飲む

優れた人にあやかろうとする。「煎じる」は、薬や茶などを煮出すこと。

例 また昼寝しているの。隣の杉下さんは今日もピアノの練習をしているのよ。ちょっとは見習いなさい。杉下さんの爪の垢を煎じてあなたに飲ませたいくらいよ。

□ ほぞをかむ

もうすでにどうにもならないことについて悔やむ。「ほぞ」はへそのこと。

例 寝ている間にカメに追い抜かれたウサギは、さぞかしほぞをかんだことだろう。

Q.下の慣用句の間違いを正しなさい。

肝《きも》に命じる

腸《ちょう》が煮えくりかえる

腰が座った（人物）

＊解答は次ページ。

□ 肝に銘じる

しっかりと心に刻み込んでおく。「銘じる」は、心に深く刻みつけること。「命じる」は、命令すること。

□ 腸《はらわた》が煮えくりかえる

他者の言動や物事の動向などに対して激しい怒りを感じ、それをこらえることができないようす。「腸が煮えかえる」ともいう。「腸」には「こころ、性根」という精神的な意味がある。

□ 腰が据《す》わった人物

「腰が据わる」は、物事の変化に動揺せず落ち着いている、度胸のあるようす。「肝が太い」「腹が据わる」も同じ。「据わる」は落ち着いて動じないこと。「座る」は「腰掛ける」ことで、それではどっしり感がなくなる。

Q.下の慣用句の間違いを正しなさい。

足げりにする

足下《あしもと》をすくう

身を惜しまない

＊解答は次ページ。

□ 足げにする

人に対してひどい仕打ちをすること。「足蹴《あしげ》にする」と書く。「足蹴」は足で蹴《け》る意味だが、「足げり」とは読まない。

□ 足をすくう

足を急に持ち上げるようにして倒すことから、隙《すき》を突いて思いがけない方法で相手を失敗や敗北に導く。「足下」や「足元」は立っている足の下あたりをさすので、すくっても人は転ばない。

□ 骨身を惜しまない

労苦や面倒を惜しまない。一生懸命働いたり、だれかのために尽くしたりするようすをいう。類義語に「身を粉《こ》にする」がある。反対の慣用句は「骨を惜しむ」で、苦労を嫌がったり、仕事を怠けたりすること。

Q.下の慣用句の間違いを正しなさい。

無い袖は絞れない

焼けぼっ栗に火がつく

話の骨を折る

＊解答は次ページ。

□ **無い袖は振れない**

実際に無い物はどう動かしようもない。金銭的な援助を頼まれて、そう言われても金銭が無い、というときに使うことが多い。「袖を絞る」は泣いたり涙を流したりするときに使う慣用句。

□ **焼けぼっくいに火がつく**

一度途絶えていたものがもとに戻る。特に男女関係にいうことが多い。「焼けぼっくい」は「焼け棒杭（木杭）」と書き、一度焼けた杭や切り株のこと。火が消えたように見えてもまた燃え出すことがある。

□ **話の腰を折る**

他人の話の途中で口出しなどをして、途中でやめさせてしまう。類義の慣用句に「話に水を差す」があるが、こちらは話をやめさせるのではなく、「余計な口出しをして場の雰囲気を悪くする」というニュアンス。

クイズで覚える慣用句

棚に上げる
糊口をしのぐ
かたずをのむ
に落ちない
肝胆相照らす
埒があかな
腹を
立て板に水
同日の談では

Q1．「木に竹を接《つ》ぐようなアイデア」とは、どんなアイデアか。

A　不自然なアイデア
B　斬新なアイデア
C　急いで作った間に合わせのアイデア

Q2．なんとかその日を暮らしていくことを、「糊《こ》口《こう》を〜」という。〜に入る言葉は次のどれか。

A　すすぐ
B　しのぐ
C　かせぐ

＊解答は次ページ。

＊前ページの解答。

A1・A

□「木に竹を接ぐよう」とは、前後のつじつまが合わないようす。また、不調和なようす。釣り合いがとれないことをたとえる表現として使う。

「接ぐ」は、接ぎ木をすること。土台の木と接ぐ木は近い種類の植物でなければならない。木と竹のように、性質の合わないものを接ぎ木する、ということからできた言葉。

A2・B

□「糊口をしのぐ」とは、なんとか暮らしていくこと。「糊口」は粥《かゆ》をすすることで、「しのぐ」は困った状況をじっと我慢して、なんとか切り抜けること。

例 俳優のAは、無名時代は俳優業だけではとうてい生活できず、様々なアルバイトをして糊口をしのいでいた。

Q3.「他人の飯を食う」とはどういうことか。

A 通りすがりの人に助けてもらう
B 修行のため住み込みで弟子入りする
C ちゃっかり人の物を拝借する

Q4.「立て板に水」の正しい意味は次のどれか。

A 水が板にとどまらず流れていくことから、「援助しても効果がないこと」
B 板の上を水が流れるように、「なめらかに話をすること」
C 水を当てたくらいでは板がまったくダメージを受けないことから、「厚かましくて何をされても平気でいるようす」

＊解答は次ページ。

*前ページの解答。

A3・B

□「他人の飯を食う」とは、他家に奉公や弟子入りをして、知らない他人の間でもまれて実社会の経験を積むこと。「他人の飯を食わねば親の恩は知れぬ」ということわざがある。

A4・B

□「立て板」は、立てかけてある板のこと。水をかけるとよどみなく流れることから、「立て板に水」とは、なめらかにすらすらと説明や演説をするようすをさす。

「援助しても効果がない」ことを意味する慣用句は「焼け石に水」、「厚かましくて何をされても平気でいるようす」を表す慣用句は「蛙《かえる》の面《つら》に水」である。

Q5．倹約生活を送っているたとえに使われる慣用句は次のどれか。

A 爪《つめ》に火をともす
B へそで茶を沸かす
C 目から火が出る

Q6．「人後《じんご》に落ちない」を正しく使っている文は次のどれか。

A「あの人の腕力は人後に落ちない（人間離れしている）。」
B「事業に失敗した安田氏の人後に落ちないようにしよう（同じ過ちを繰り返さない）。」
C「ワインに関する知識は人後に落ちない（他人に引けをとらない）。」

＊解答は次ページ。

＊前ページの解答。

A5・A

□「爪に火をともす」とは、「ろうそくや油の代わりに爪に火をつけて明かりにする（昔の電灯代わりである）」という意味から、倹約し、切りつめて生活すること。または、ひどくけちであること。「へそで茶を沸かす」はおかしくてたまらないようす（↓P.160）、「目から火が出る」は頭や顔を強く打ったときの驚きや痛みを示す慣用句。

A6・C

□「人後」は「人の後ろ」や「他人より下位」のこと。したがって、「人後に落ちない」とは、行為や能力が他人に引けをとらないこと。「ワインに関する知識は人後に落ちない」は、「ワインに関してはだれよりも知識がある。」という意味になる。

Q7．物事が進展せず、うまくいかないことを「〜があかない」という。〜に入る言葉は次のどれか。

A 埒《らち》
B はか
C 目

Q8．「しのぎを削る」の正しい意味は次のどれか。

A 生活費を倹約する
B 激しく争う
C 激しく雨が降る

＊解答は次ページ。

*前ページの解答。

A7・A

□「埒」は、ものの周囲、特に馬場（乗馬の練習や競馬をするところ）の周囲に設けた柵。柵があくことから、転じて、物事がうまくはかどることを「埒があく」という。その反対の「埒があかない」は、物事がうまく進まないこと。

A8・B

□「しのぎを削る」とは、闘いや競技などで激しく争うこと。「しのぎ」とは、刀の刃と峰の間の小高い部分。そこが削れるほど激しく斬り合うことから。

Q9.「同日の談ではない」とよく似た意味の慣用句は次のどれか。

A 甲乙つけがたい
B 捨てたものではない
C 月とすっぽん

Q10.「棚に上げる」の正しい意味は次のどれか。

A 人のせいにする
B 置き忘れる
C 知らないふりをする

＊解答は次ページ。

*前ページの解答。

A9・C

□「同日の談ではない」とは、違いが大きすぎて比較にならないこと、同じように語れないほど優れているようすのこと。「例Aさんも確かに優れた技術を持っているが、Bさんとは同日の談ではない。」「甲乙つけがたい」は、どちらも同じくらい優れていて、優劣がつけられないようす。「捨てたものではない」は、見込みがまだあるという意味で、優れた人や物に対しては使わない。

A10・C

□「棚に上げる」とは、知らないふりをして手をつけず放っておくこと。特に、自分に不利なこと、不都合なことにわざと触れないでおくこと。

例試合後、自分のミスは棚に上げてチームメイトを責める選手を、主将がいさめた。

Q11．「間尺《ましゃく》に合わない」の正しい意味は次のどれか。

A 利益がない
B 時間が足りない
C サイズが合わない

Q12．「気の置けない友人」と同じ意味の言葉は次のどれか。

A 犬猿《けんえん》の仲
B 肝胆相照《かんたんあい》らす仲
C なさぬ仲

＊解答は次ページ。

*前ページの解答。

A11・A

□「間尺に合わない」とは、損得計算をすると損になる、割に合わない、利益がないこと。「間尺」は間《けん》と尺で、家屋や建具などの寸法。そこから、物事の計算、割合をさす。

A12・B

□「気の置けない友人」とは、気心の知れた親しい友人のこと。同じ意味を持つのは「互いに心の奥底まで打ち明けて親しく交わる仲」という意味の「肝胆相照らす仲」である。肝胆は肝臓と胆嚢《たんのう》で、そこから心の中の意味。「犬猿の仲」は非常に仲が悪いこと、「なさぬ仲」は、血のつながらない親子のこと。

Q13・「左前《ひだりまえ》になる」とはどういうことか。

A 大金持ちになる
B 左遷される
C 業績不振になる

Q14・「常軌《じょうき》を逸する」を正しく使っている文は次のどれか。

A その選手の走りは常軌を逸していて、だれも追いつくことができなかった。
B その生徒は、卒業式のあいさつで、常軌を逸した無礼な行動を取った。
C 彼の優れた企画は常軌を逸していて、役員の大絶賛を浴びた。

＊解答は次ページ。

＊前ページの解答。

A 13・C

□「左前になる」とは、商売や経営がうまくいかなくなること。「左前」は着物の着方。着物を着るときは、ふつう自分から見て左を上に重ねるが、左前は自分から見て右を上に重ねる。相手から見ると左が上になり、これは死者の装束に使う着方である。大金持ちになって安楽に暮らすようすは「左うちわで暮らす」という。これは左手でゆったりとうちわをあおぐようすから。

通常の着方

左　前

A 14・B

□「常軌を逸する」とは、ふつうでは考えられないような異常なことを言ったりしたりすること。「常軌」は「常道」と同じ意味で、ふつうに行われるやり方のこと。そこから外れているのだから、異常なこととなる。ほめ言葉ではなく、非難するときに使う言葉。Aの場合は「想像を絶する」、Cは「意表を突く」などが適切。

Q15・「かたずをのむ」の「かたず」とは何か。

A 薬
B 蛙《かえる》
C 唾《つば》

Q16・「芋《いも》を洗うよう」を正しく使っている文は次のどれか。

A 審査員から、芋を洗うように細かな点まで、歩き方を注意された。
B 兄は、芋を洗うようにたやすく私の宿題を解いてくれた。
C 昨日は、芋を洗うように混雑しているデパートに行った。

＊解答は次ページ。

＊前ページの解答。

A15・C

□「かたずをのむ」とは、事の成り行きがどうなるかと、緊張してじっと見守ること。「かたず」は「固唾」と書く。緊張したときに口にたまる唾のこと。といっても、唾をゴックンと飲み込むのではない。この場合の「のむ」は「涙をのむ」と同じで、ぐっとこらえて表に出さないこと。

A16・C

□「芋を洗うよう」とは、芋をおけに入れてかき回して洗うように、ある場所が大勢の人で混雑していることのたとえ。「芋の子を洗うよう」ともいう。「細かな点まで口うるさいこと」を表す慣用句は「重箱の隅をつつく」、たやすいことを表す慣用句は「お茶の子さいさい」。

Q17・「手ぐすねを引く」とよく似た意味の慣用句は次のどれか。

A 爪を研《と》ぐ
B 腕が鳴る
C 鳴りを潜める

Q18・A～Cのうち、意味の違う慣用句はどれか。

A 腹を括《くく》る
B 腹を据《す》える
C 腹を拵《こしら》える

＊解答は次ページ。

＊前ページの解答。

A17・A

□「手ぐすね」は「手薬煉」と書き、弓の弦に「薬煉《くすね》」という松脂《まつやに》を油で煮て練ったものを塗って手入れすること。ここから「手ぐすねを引く」は、「十分準備をして機会や敵などが来るのを待ち構える」意味になった。「爪を研ぐ」も爪を鋭くして獲物を待ち構えることで、よく似た意味。「腕が鳴る」は自分の腕前を発揮したくてうずうずすること（→P.151）、「鳴りを潜める」は目立った活動をしないでおとなしくしていること。

A18・C

□「腹を括る」「腹を据える」はどちらも、決心する、覚悟を決めること。「腹を決める」「腹を固める」も同じ。「腹を拵える」は事の前に食事をして、空腹を満たしておくこと。なお、「腹を据える」には、気持ちを鎮め、我慢するという意味もある。

Q19.「レッテルを貼る」のレッテルの内容はどんなものか。

A 悪い評価、評判
B よい評価、評判
C 分不相応な肩書き

Q20. 目標を達成するためにがんばる意味の「石に〜」の〜に入る言葉は次のどれか。

A へばりついても
B かじりついても
C しがみついても

＊解答は次ページ。

*前ページの解答。

A19・A

□「レッテル」はオランダ語でラベルのことで、「レッテルを貼る」とは、物や人に対して一方的に評価を下すこと。多くはマイナスの評価である。

例あのサイトで悪い評判を書かれたら、最低の店とレッテルを貼られたのと同じだ。

似た慣用句に「烙印《らくいん》を押す」があるが、「烙印」は昔、犯罪者に刑罰として押した焼き印のことなので、こちらははっきりと、消すことのできない悪い評判のこと。

A20・B

□「石にかじりついても」とは、どんなに苦しくても目標達成のために我慢してやり抜くようす。例仙人になるまでは、石にかじりついてでも修行を辞めません。

平成20年度の「国語に関する世論調査」では、世代が若くなるほど、「石にかじりついても」より、「石にしがみついてでも」を使う人が増えてきていることがわかった。

本来の言い方を知っておこう。

Q21．年上の人に頼み事をするとき、「すみませんが、老骨《ろうこつ》にむち打っていただけませんか。」と言ってもいいだろうか。

A お願いの言葉として適切である。
B 知り合いなら言ってもかまわない。
C 失礼になるから使ってはいけない。

Q22．同窓会に来た恩師に、「先生も馬齢《ばれい》を重ねられましたね。」と言ってもいいだろうか。

A 大人のあいさつとして最高だ。
B 女の先生には使えないから注意する。
C 失礼になるから言ってはいけない。

＊解答は次ページ。

＊前ページの解答。

A21・C

□「老骨にむち打つ」とは、老いた身を自ら励まして物事に取り組むこと。「私はこのたび老骨にむち打って、地元自治会の会長に立候補いたしました。」のように、年老いた身にもかかわらず、ということを謙遜《けんそん》する表現なので、他人に対して使うのは失礼である。

A22・C

□「馬齢を重ねる」とは、いたずらに年をとるということ。「馬齢を加える」ともいう。特に何もせず無駄に生きてきた、というニュアンスがあるので、他人に対して使うと大変失礼になる。「私もこの年まで馬齢を重ねてまいりました。」のように、自分が年をとったことを謙遜するときに使う。

Q23・「命の洗濯をしてきたね。」とは、次のどの人に使える言葉か。

A 手術が終わって無事に退院をした人
B 職員室や警察で怒られて帰ってきた人
C 南の島にバカンスに行ってきた人

Q24・「枯れ木も山のにぎわい」を正しく使っている文は次のどれか。

A 新年会には、枯れ木も山のにぎわいということで、私も出席いたします。
B 同窓会にはぜひ先生もご出席ください。枯れ木も山のにぎわいですから。
C 敬老会は多数の出席があり、まさに枯れ木も山のにぎわいの盛会でした。

＊解答は次ページ。

＊前ページの解答。

A23・C

□洗濯は、衣類を洗って汚れを落とすことだから、「命の洗濯」とは、心身のわだかまりを捨ててさっぱりすること。日ごろの苦労から解放されて、命が延びるくらい思い切り楽しむことをいう。また、「鬼の居ぬ間に洗濯」という言葉もある。これは、主人や監督者など、気を遣う人や怖い人がいない間に息抜きをしてくつろぐこと。
例親が買い物に行ったから、鬼の居ぬ間に洗濯だ。宿題はあとにしてゲームでもしよう。

A24・A

□「枯れ木も山のにぎわい」とは、つまらないものや役に立たないものでもないよりはましということ。Aのように、自分のことを謙遜《けんそん》して言うときに使う。人に対して使うと、その人のことを「枯れ木（＝いないよりまし）」と言ったことになり、大変失礼な表現になる。

Q25・「けんもほろろ」を正しく使っている文は次のどれか。

A 窓口を次々とたらい回しにされ、けんもほろろに疲れた。
B 優勝校を地元の人々はけんもほろろに大歓迎した。
C レジで両替を頼んだが、けんもほろろに断られた。

Q26・「ピンからキリまで」のピンの意味は次のどれか。

A 最初
B 最低
C 最後

＊解答は次ページ。

＊前ページの解答。

A25・C

□「けんもほろろ」とは、無愛想に人の頼みや相談事を断るとげとげしいようす。また、人情味もなく冷ややかなようす。「けん」も「ほろろ」も雉《きじ》の鳴き声。「けん」は、厳しくしかることを意味する「剣突《けんつく》」や思いやりのないようすを表す「慳貪《けんどん》」などの「けん」と掛けたもの。

A26・A

□「ピンからキリまで」とは、最初から最後まで、また、最上から最低まで、の意味。「ピン」はポルトガル語のpinta（点）から来ていて、めくりカルタやサイコロの1の数をさす。そこから一番目のとか、最上のものという意味になった。「キリ」は十字架をさすcruzから十をさし、転じて最後を示すようになったという説や、「切り」で終わりのことという説がある。例宝石にもピンからキリまである。

覚えておきたい 慣用句

下にも置かない
枚挙にいとま
に入り細をうがつ
満を持
人口に膾炙する
裸一貫
象牙の塔
も盾もたまらない
気脈を通

あ

□相槌《あいづち》を打つ

人の話を聞きながら、同意を示すために、うなずいたり、「へぇ」「それで?」「なるほど」など、話を促す短い言葉を発したりする。もともと鍛冶《かじ》で鉄を鍛えるときに、交互に槌《つち》を打ち合うことからできた言葉。「合槌」は誤り。

例あの人は相槌を打つのが上手だから、いろいろなことを話しやすい。

□後釜《あとがま》に座る

後任者になったり、再婚者になったりする。「後釜」とは、かまどの火が残っている間に、前の釜のあとにかける次の釜のこと。「座る」はその座につくこと。

例上西先輩が引退し、田口がエースの後釜に座ることになった。

□ 板につく

経験を積んだり時間を経たりして、ある仕事・動作などに十分慣れ、ふさわしい態度やようすになっていく。似た意味の慣用句に「様《さま》になる」がある。「板」は舞台のことで、もとは役者が芸に習熟したことをさす。

例 新キャプテンもそろそろ振る舞いが板についてきたね。

い

□ 一目《いちもく》置く

相手の力量に敬意を表して、自分が一歩へりくだって接する。「目《もく》」は、囲碁の碁盤の目《め》や碁石の数え方。囲碁では、対戦相手が強いとき、弱い方はハンデとして、先に碁石を一つ置いてから、勝負を始められることから。強調していいたいときは、「一目も二目も置く」という。

例 どの教科でも解けない問題のない山本は、クラスメイトから一目置かれていた。

う

□うだつが上がらない

立身出世ができない、ぱっとしないようす。語源には複数の説があるが、代表的なものとして、①梁《はり》の上に立て、棟木《むなぎ》を支える短い梁を「うだつ（もとはうだち）」といい、それが棟木にいつも押さえられているように見えることから、②隣家との間の小さい防火壁を「うだつ」といい、裕福でないと作れなかったことから、などがある。

例三年生の中で西本だけはうだつが上がらず、未だに試合経験がなかった。

□うつつを抜かす

あることに心がすべて奪われ、正気を失い夢中になる。うつつは「現」と書き、気が確かな状態のこと。好ましくない（くだらない・非生産的）物や人に夢中になっていることを、批判的にいうことが多い。

例受験生なのに、勉強もしないでゲームにうつつを抜かしている。

□ 有無《うむ》を言わせず

承知・不承知の返事をする間もなく、無理やり自分の思うようにする、強引なようす。否応なしに。

例 ワンマンな委員長は他の委員に有無を言わせず、さっさと執行部のメンバーを決めてしまった。

□ 裏をかく

相手が予想に反する行動に出て、相手を出し抜く。はぐらかす。

例 「四番打者だから強打するだろう」という大方の予想の裏をかき、セーフティーバントで出塁した。

□瓜《うり》二つ

二つに割った瓜のように、顔や姿、性格が非常によく似ているようす。

例 双子だからって、何もかも瓜二つというわけではありません。個性があるのです。同じコーチに習っただけあって、星と三橋は投球フォームが瓜二つだよ。

□悦《えつ》に入《い》る

非常に満足し、心の中で喜ぶ。物事が思いどおりになったり、趣味のものを眺めたりするときに使うことが多い。

例 車が大好きな名倉は、毎晩、古本屋で手に入れた七〇年代の車のカタログを見ては悦に入っていた。

え

□ 襟《えり》を正す

衣服の乱れを直し、姿勢を正しくする。たるんだ気持ちを引き締めたり、反省して改めるようすを示す。

例 襟を正してこれからは時間厳守を心がけることにした。

□ 同じ穴の狢《むじな》

違うように見えて実は同じ仲間であることのたとえ。多くは悪党などについていう。「同じ穴の狐《きつね》」ともいう。「むじな」はアナグマの別称だが、狸《たぬき》のこともさす。

例 そんなことをするとは、君もあいつらと同じ穴の狢だよ。

□ 音頭《おんど》をとる

物事を行うときに、先に立って皆をひっぱっていく。首唱者となる。

例 学級委員が音頭をとって、朝の漢字学習が始まった。

□掛け値なし

実際のようすを誇張したりゆがめたりしていない、ありのままの評価であるようす。「掛け値」は、利益・手数料などを上乗せして実際より高くつけた値段のこと。

例その旅館のサービスは、掛け値なしに素晴らしかった。

□かぶとを脱ぐ

勝負・競争・論争などで、自分の力が相手に及ばないことを認め、降参する。かぶとを脱ぐのは、戦う意志のないことを示すもので、負けを認め、かつ相手に敬意を示すことになる。「脱帽する」も同じ意味で、帽子を脱ぐことから、とてもかなわないと相手に敬意を示すこと。帽子のフランス語「chapeau」を使って「シャッポを脱ぐ」ということもあるが、これはくだけた言い方である。

□ 堪忍袋《かんにんぶくろ》の緒《お》が切れる

ある人・事について我慢してきたことが堪えきれなくなって怒りが爆発する。一九九〇年代から使われるようになった、感情が抑えきれずに暴走することをさす「キレる」は、この言葉からきているという説がある。

例 やじや中傷にじっと堪えていた本村だったが、ついに堪忍袋の緒が切れた。「これ以上馬鹿にするな！」と言うが早いか、佐々木につかみかかったのである。

□ 気の置けない

遠慮をしなくていい、気兼ねせず心から打ち解けることができるようす。「気が置けない」ともいう。反対に、なんとなく打ち解けられず、遠慮してしまうことを「気が置ける」という。

例 気の置けない友人だけで卒業旅行をすることになった。

□ 気は心

贈り物などで、量は少ないが誠意があることを示したいと思うこと。またそうすれば、その気持ちは必ず相手の心に通じるということ。

例「こんな小さな花束で喜んでくれるかな。」「気は心というでしょ。全然あげないより、いくらかはお祝いの気持ちが伝わるわよ。」

□ 気《き》脈《みゃく》を通じる

共通の利益や目的のために、こっそりと連絡を取り合う。「気脈」は血液が通る道筋。

例山本は、運動部の部長からなる体育委員会の役員だったが、裏では文化部の部長たちとも気脈を通じていた。

く

□ 釘《くぎ》を刺す

後から問題が起こらないように、前もって念を押しておく。「釘を打つ」ともいう。

例「なるべく早く帰るね。」という娘に、「門限を破ったら来週から外出禁止だからね。」と釘を刺した。

□ 愚《ぐ》にもつかない

ばかばかしくて話にもならない。大した価値もない。

例「大事な話がある」と呼び出されたのに、愚にもつかない話をえんえんと聞かされただけだった。

け

□ 下駄《げた》を預ける

面倒な事件の解決や自分の今後の生き方などについて、相手にすべて任せる。下駄を預けてしまうと、当人はどこにも行けなくなることから。

例 自分では判断するのがむずかしかったので、紹介してくれた親友に下駄を預けることにした。

□ 言質《げんち》を取る

相手に、後日の証拠となる言葉を言わせる。約束させる。「げんしつ」は誤読。「言葉《ことば》質《じち》を取る」ともいう。

例 担任に呼び出されたのは服装のことだろうが、髪の色に関する言質は取られないようにしようと、用心して職員室に向かった。もし「染め直す」と言ってしまったら最後、明日は黒の毛染めスプレーを持った担任に追いかけ回されるのは確実だからだ。

こ

□ 沽券《こけん》にかかわる

品位や体面に差し支える。それをすると品位が保てなかったり、プライドが傷ついたりするときに使う。「沽券」とは、古くは土地などを売買するときの契約証文のこと。ここから、売値、品位、体面などの意味になった。

例「インスタント食品を使って食事を作るなんて、主婦の沽券にかかわるわ。だしから自分で取ります。」と、母は言った。

□ 御多分《ごたぶん》に漏れず

他の多くと同じように、例外ではなく。「多分」は多数や大部分のこと。あまりいい意味には使わない。

例学校というと規則がつきものだが、御多分に漏れず、この学校にも頭髪に関する厳しい規則があった。

□ 骨髄《こつずい》に徹《てっ》する

骨髄、つまり骨の髄まで深くしみ込む。ここから、心の底にまでしみ込むこと。耐え難い恨みや無念さなど、深い怨恨《えんこん》の気持ちを表すときに使うことが多い。「骨髄に入《い》る」ともいう。

例 人前で恥をかかされた恨みが骨髄に徹し、復讐《ふくしゅう》を心に誓った。

□ 里心《さとごころ》がつく

さ

自分の家や故郷に帰りたい心が起こる。ホームシックにかかる。「里《さと》」は、妻、養子、奉公人、下宿人などの実家のこと。

例 パリのホームステイ先で日本のドラマを見ているうちに、急に里心がついて涙が出てきた。

□ 鯖《さば》を読む

自分の都合のいいように数量をごまかす。鯖はたくさん取れる上に腐りやすいので、急いで売るために早口で数え、実際の鯖の数と合わなくなったことから。漁で取れた数を使用人がごまかして数えたという説もある。

例今日は計算問題を何問解いたか、鯖を読まずにきちんと答えなさい。

□ 下《した》にも置かない

「下」は、下座《しもざ》（＝人が並んで座るときに目下の者が座る席）のこと。つまり「下にも置かない」とは「下座につかせない」という意味。そこから「非常に気を遣って丁寧にもてなす」ことをいう。

例知人の紹介で旅館に泊まったら、「あの人の知り合いだ。」ということで、下にも置かないもてなしを受けた。

□ 十《じっ》把《ぱ》一《ひと》からげ

いろいろな種類のある物や人を区別せず、一まとめにして扱うこと。「把《わ》」は束ねたものを数えるときに用いる語。「からげ」はものを縛り束ねること。

例 入部者は能力も経験も違うのだから、十把一からげにせず、それぞれの個性に合わせた指導をするべきだ。

□ 自《じ》腹《ばら》を切る

自分の金で支払う。その必要がないのにあえて自分で払うときに使うことが多い。「自腹」は自分の財布のこと。

例 担任は、優勝祝いに自腹を切ってクラス全員にジュースをおごった。

□ 尻馬《しりうま》に乗る

自分の考えを持たず、他人の考えに同調すること。また、軽はずみな行動の意味。「尻馬」とは、馬に二人で乗るときに後ろに乗ること。後ろに乗ると、馬を操るのは前の人にまかせ、自分は何もせず進んでいくことから。同じ意味の四字熟語に「付《ふ》和雷《わらい》同《どう》」がある。

例 面白そうだったので、そのグループの尻馬に乗って道に落書きをしてしまった。

□ 人口《じんこう》に膾炙《かいしゃ》する

「膾」はなます（魚介類や果物を細く切って酢であえたもの）、「炙」は直火《じかび》であぶった焼き肉のことで、どちらも多くの人が喜んで口にする食べ物。ここから、詩・名句・名言などが、広く人々に知られ、評判となってもてはやされること。

例 「みんなちがって　みんないい」は、人口に膾炙するフレーズの一つだ。

□ **隅に置けない**

す

思っていたよりも隠れた才能や実力があって、油断できないこと。また、世間の表裏に通じていて油断できないこと。

例坂本は、授業中は目立たないが、某大学の同人誌で短編小説を次々と発表している隅に置けない人物だ。

□ **青天の霹靂《へきれき》**

せ

晴れた日に急に雷が鳴り出すような、突然で衝撃的な出来事。「青天」は青く澄み切った空、「霹靂」は雷のこと。

例明日あいつがブラジルに転校するなんて、青天の霹靂だ。

そ

□ 象牙《ぞうげ》の塔

俗世間を離れた高尚な境地のこと。皮肉的に、現実離れした学者たちの生活や研究室などの閉鎖社会についてもいう。もともとはフランス語「tour de d'ivoire」の訳語で、十九世紀のフランスの批評家サント＝ブーブが、詩人ビニーを批判して述べた言葉。英語でも「ivory tower」を同じ意味で使う。

例あの教授は象牙の塔にこもって現実を見ず、理想論ばかり唱えている。

□ 相好《そうごう》を崩す

喜びや満足感が心の中からあふれてきて、にこにこした顔になる。似た意味の表現に「顔がほころぶ」「破顔一笑《はがんいっしょう》」などがある。「相好」は顔つき。顔つきが崩れると怒った顔にもなりそうだが、笑顔になり、喜ぶときにのみ使う。

例ふだんは本ばかり読んでいるクールなあいつだが、給食にプリンが出ると相好を崩して食べている。

□ そうは問屋《とんや》が卸《おろ》さない

安い値段で取引しようとしても、そんな値段では問屋は品物を卸さない、という意味から、そんなに思いどおりにはなるものではない、ということ。「そうは問屋がゆるさない」は誤り。

例 一夜漬けで順位を上げようとしたらしいけど、そうは問屋が卸さない。みんなはもっと勉強しているよ。

□ 相場《そうば》が決まっている

ある物事についての評価が、一般的にそういうものであると考えられている。

例 夏休みの自由研究といえば、昔は昆虫採集か植物採集と相場が決まっていたけれど、今はずいぶん多種多様になったね。

□底が割れる

うそや心に隠していること、話の結末が相手に見破られる。映画や芝居などで、話の筋がすぐにわかってしまうときにもいう。「底」は容器の下の部分だが、そこから心の奥や物事の極みのことも意味する。

例そんなすぐに底が割れるような言い訳では、遅刻を許すことはできないね。

□つじつまが合う

「つじつま」は「辻褄」と書く。「辻《つじ》」は裁縫で縫い目が十文字に合うところ、「褄《つま》」は着物の裾《すそ》の左右が合うところである。このことから、話の筋道がきちんと通り、矛盾がないこと。「つじつまが合わない」と否定のかたちで使うことが多い。

例本人は「寄り道はしなかった」と言っているが、それでは帰宅時間とのつじつまが合わない。

□ 面《つら》の皮が厚い

恥知らずで厚かましい、ずうずうしい。同じ意味の言葉に「厚顔無恥《こうがんむち》」「鉄面皮《てつめんぴ》」「心臓が強い」「心臓に毛が生えている」などがある。

例 学校で一番人気のあの子に初対面でデートを申し込むなんて、他校生のくせに面の皮が厚すぎる。

□ てこでも動かない

重い物を動かすのに使うてこを使っても動かない、つまり、どんな手段を使っても、その場から離れないようす。決意や信念を変えないこと。

例 あの人はとても頑固《がんこ》で、こうと決めたらてこでも動かない。

□てこを入れる

弱いものや不調なものに外部から加勢して、力を回復させたり元気づけたりすること。てこ入れする。

例強豪チームのエースを我がチームに引き抜き、投手力にてこを入れた。

□天の配剤

天は、よい行いにはよい報いを、悪い行いには悪い報いを与えること。また、人の資質などに長短あっても調和がとれていること。

例放課後でも一心に顕微鏡をのぞき込んでいる杉山が、ロンドン理科大学との交換留学生に選ばれたのは、天の配剤というものだろう。

な

□なしのつぶて

何の便りもないこと。また、こちらから連絡してもさっぱり返事がないこと。「つぶて」は小石を投げること。「なし」は果物の梨《なし》を、何もないの「無し」に掛けている。梨は、「無し」と同じ音で縁起がよくないと、「有りの実」と呼ばれることがある。

例卒業以来、花田に何度かメールしたがなしのつぶてだ。どこでどうしているのだろう。

に

□にべもない

取り付きようがない。無愛想でそっけないようす。「にべ」は魚の浮き袋からつくる粘着力の強い接着剤のこと。また、「愛敬、愛想」の意味もある。

例意を決して交際を申し込んだが、にべもなく断られた。

☐ 音《ね》を上げる

ね

つらいことや苦しいことに耐えられなくなって、気の弱いことを言う。歓声を上げることではない。

例 連日の特訓に「ついて行けない」と、音を上げる部員が出始めた。

☐ 拍車《はくしゃ》をかける

は

外部から力を加えて物事の進行を一段と早める。「拍車を加える」ともいう。「拍車」は、乗馬の靴のかかとにつけた歯車状の金具で、それで腹を蹴《け》って馬が速く走るように合図する。

例 家族で楽しめる体感ゲームソフトの大ヒットが、そのゲーム機の売れ行きに拍車をかけた。

□ 裸一貫《はだかいっかん》

自分のからだだけで行動し、ほかには何も頼らないこと。無一文で身体だけが財産であること。一貫は一貫文という昔の貨幣の単位。一貫文は一千文。

例 私の祖父は裸一貫で事業をおこし、今はその会社の会長を務めている。

□ 花を持たす

相手が自分より素晴らしい者であるかのように立てる。相手を喜ばせるために名誉や功績を譲る。

例 暴漢を追い払ったのは私だったが、関根に花を持たせることにし、「関根が暴漢をやっつけた」と報告した。

□ 半畳《はんじょう》を入れる

相手の言動を非難したり、やじったり、茶化したりする。「半畳」は江戸時代に芝居小屋で客が敷いた、一人分の小さなござ。芝居で役者に不満や反感を持ったときに、観客が敷いていた半畳を舞台に投げ入れたところからできた言葉。

例 開会のあいさつがあまりにも長いので、耐えかねた観客が会長の言葉に半畳を入れ始めた。

ひ

□ 一筋縄《ひとすじなわ》ではいかない

ふつうの方法では、人または物事を自分の思うように扱うのが難しい。かなりしたたかで手強《てごわ》い相手であること。

例 「昨日言っていたことは本当かな？」と中野がにやりと笑ったのを見て、これは一筋縄ではいかないと、暗い気持ちになった。

□ 一花《ひとはな》咲かす

いっとき成功して栄える。また得意な時代を送る。この場合の「花」は、特定の品種ではなく、「栄えること」や「名誉」などを意味する。

例 この曲がヒットすれば一花咲かせることができる。
引退前に、もう一花咲かせようと、チームを移籍した。

□ 微《び》に入《い》り細《さい》をうがつ

非常に細かいところにまで気を配る、行き届いている。「微に入り細に入り」ともいう。

例 使い方に関する説明は、微に入り細をうがったものだった。

□ 冷や飯を食う

能力が正当に評価されずに、冷遇される。「冷や飯」は冷えたご飯。昔、家を継ぐ権利のない次男以下は軽視され、冷や飯を食べさせられたことから。

例 新コーチに嫌われたエースの西橋は、彼の離任まで冷や飯を食った。

ちなみに「臭い飯を食う」は、囚人として刑務所に入ること。

例 そんな非合法なことをすると臭い飯を食うことになるぞ。

□ 顰蹙《ひんしゅく》を買う

人が嫌がることや良識に反することをして、嫌な顔をされ、軽蔑《けいべつ》される。「顰蹙」とは、「眉をひそめる（=嫌悪や不快感で顔をしかめる）（→P.136）」ことなので、「顰蹙を買う」で、「眉をひそめられることをする」ことになる。

例 電車の通路に二、三人で座り込んでしゃべり、周囲の乗客の顰蹙を買っているのに、まったくそれに気づかない、本当に困った人がいる。

ふ

□ 腑《ふ》に落ちない

ある事柄に対し、どうも納得がいかない。「腑」ははらわた、また心の働きのこと。納得がいくときには「腑に落ちる」という使い方もするが、現在は「腑に落ちない」で使うことの方が多い。

例 70点のあの子の成績がAで、88点の私がBとは、どうも腑に落ちない。

ま

□ 枚挙《まいきょ》にいとまがない

あまりに多すぎて、一つひとつ数え切れない。「枚挙」は一つひとつ数え上げること、「いとま」は暇のこと。

例 あの会社の倒産の影響を受け、業績が悪化した会社は枚挙にいとまがない。

□満《まん》を持《じ》する

十分な用意をして機会を待つ。もともとは、弓を十分に引き絞ってそのまま構えていることを意味した言葉。

例 コートの脇で十分なウォーミングアップをし、満を持して選手交代に臨んだ。

□水も漏《も》らさない

水が漏れる隙間《すきま》がないようすから、二つの意味がある。

①厳重に相手を取りまき隙のないようす。特に厳重な警戒のようす。

例 二メートルごとに警備員を配置し、水も漏らさない警戒ぶりである。

②人間関係が緊密なようす。特に男女の仲についていうことが多い。

例 顔を見合わせて穏やかに笑う二人からは、水も漏らさない一体感が感じられた。

み

□ 水を得た魚《うお》のよう

自分に最も適した環境や活動の場を得て、生き生きとし、自分の力を十分発揮しているようす。

例 あの子は教室ではおとなしいけれど、体育の授業になると、水を得た魚のように生き生きしている。

□ 水を向ける

こちらが知りたい、聞きたいと思っていることに相手が関心を持ち、話し始めてくれるように、うまく話しかけたり質問したりすること。

例 「もうすぐバレンタインだな。」とさりげなく水を向けると、「涼子がだれにチョコレートをあげるか気になるの？　私が聞いてきてあげようか？」と、いきなり一番聞きたかったことを言われて焦った。

□ 身も蓋《ふた》もない

言動が直接的で、含みや趣がなく、露骨なようす。容器の「蓋」に対して、物を入れる部分が「身」である。それらがないということは、物が容器に全然入っていない、あらわな状態にあることになる。

例「つまり、あの芸人には才能がないいんだよ。全然笑えない。」「おいおい、そんな身も蓋もない言い方をしたら話が続かないよ。」

め

□ 迷宮《めいきゅう》入り

事柄が複雑に入り組んで、簡単に筋道立てて解釈できなくなること。犯罪事件などで解決のめどが立たないこと。「迷宮」は通路が複雑で出口がわからず、迷うように造られた建物。

例迷宮入りになりそうな怪事件でも必ず解決する小学生探偵の物語は、人気のロングセラーアニメである。

□ 眼鏡《めがね》にかなう

目上の人に評価され、認められたり気に入られたりする。「眼鏡」はもともと「目がね」と書き、物事を見てその善《よ》し悪《あ》しを見極めることやその能力のこと。

例 勤勉な練習ぶりが監督の眼鏡にかない、レギュラーの座を射止めた。

「お眼鏡にかなう」と敬語形になることもある。

例 この中に先生のお眼鏡にかなう作品はございますか？

も

□ 元の木阿弥《もくあみ》

それまでの努力がすべて無駄になってしまうこと。特に、よくなった状態が、またもとの状態に戻ること。戦国時代の武将、筒井順昭《つついじゅんしょう》が病死したとき、跡継ぎの順慶《じゅんけい》が幼かったので、声のよく似た木阿弥という盲人を身代わりにし、まだ死んでいないとした。順慶が成長し、木阿弥はもとの町人に戻ったという故事から。

例 二週間も禁煙を続けられたのに、ここでたばこを吸ったら元の木阿弥だ。

□ 諸刃《もろは》の剣《つるぎ》

「諸刃」は、両側に刃の付いた剣のこと。「両刃」とも書く。相手を切ろうとすると自分も傷つくおそれがあることから、効果があるが、こちらも打撃を受けるおそれがあることのたとえ。また、役にも立つが逆に危険をも招きかねないことのたとえ。

例その治療法は、病巣には劇的に効くが患者は体力を消耗するという、諸刃の剣ともいえるものであった。

□ 八百長《やおちょう》

勝負事で、事前に勝ち負けを打ち合わせておき、実際の勝負では真剣に勝負していると見せかけること。そこから、前もって示し合わせておきながら、知らないふりをすること。昔、八百屋の長兵衛《ちょうべえ》という人が相撲の役員と碁を打つときに、本当は勝てる実力があるのに、一勝一敗になるように手加減してご機嫌《きげん》を取っていたことからという。

例優勝候補がわざと負けたという八百長疑惑が持ち上がった。

□ 野《や》に下《くだ》る

官職についていた者が辞めて、民間人になる。「下野《げや》する」ともいう。「野」は、民間のこと。与党が政権をなくして野党にまわることも「野に下る」という。

例 知事を辞職して野に下り、今は予備校を経営している。

□ 藪《やぶ》から棒

茂っている藪の中から棒を突き出すことから、何の前触れもなく物事をすることのたとえ。「藪から棒を出す」ともいう。似た意味の言葉に「青天の霹靂《へきれき》（↓P.94）」「寝耳に水」がある。

例 えっ、「好きな人はいるか」って？ 藪から棒になんてこと聞くんだよ。照れるなぁ。

□ 矢も盾もたまらない

思い詰めた気持ちを制しきれず、あることをしたくてじっとしていられないようす。

例 月を見たとたん、ふるさとの親の顔が見たくなり、矢も盾もたまらなくなって夜行バスに飛び乗った。

□ 槍玉《やりだま》に挙げる

多くの中から選んで特に非難・攻撃の対象にして攻める。「槍玉」とは、人を槍で突き刺すこと。

例 連続優勝を逃した原因として、指導陣の中でも一番若いコーチが槍玉に挙げられた。

よ

□ 夜《よる》の帳《とばり》が下りる

すっかり日が暮れて夜になる。夜の闇《やみ》に包まれる。「帳」は室内に垂れ下げて、室内を隔てるのに使う布。夜の闇が視界を遮るようすを、帳が下りたようすにたとえている。少し古めかしく文学的な表現。

例夜の帳が下り、池の畔《ほとり》の館には明かりが灯《とも》りはじめ、華やかな宴《うたげ》が始まった。

□ 夜《よ》を日に継《つ》ぐ

昼も夜も休まないで物事を行う。昼夜の別なく物事をする。昼の時間に夜の時間をつけ足すことから。同じ意味の慣用句に、「夜《よる》となく昼となく」「夜《よる》を昼になす」がある。

例結婚式に間に合わせるため、夜を日に継いで衣装を縫った。

り

□ 理も非もない

道理にかなっていてもいなくてもかまわないこと。

例 練習試合に負けた日は、理も非もなく飼い犬に当たり散らしていた。

□ 溜飲《りゅういん》を下げる

ずっと持っている不平不満や恨みを解消し、気分をすっきりさせる。気分がすっきりすると、「溜飲が下がる」。「溜飲」とは、消化不良で出る胃からの酸っぱい液。

例 勧善懲悪《かんぜんちょうあく》の時代劇を見て溜飲を下げる。

ずっとスランプだったが、今日は続けざまにシュートが決まり、溜飲が下がった。

□ 渡りに船

わ

川を渡ろうとしたときに、都合よく船があること。つまり、困っているとき、何かしようと思っていたときに、ちょうどいいタイミングで、必要なものや望ましい助けが現れること。

例 一刻も早く病院に行かねば、と焦っているとタクシーが来たので、渡りに船とばかり乗り込んだ。

身体に関する慣用句

口に糊する
耳にたこができる
肩で風を切る
手を拱く
へそで茶を沸かす
顔に泥を塗
骨身を
口が重い
頭が切

眉間《みけん》
目尻《じり》
耳たぶ・
耳たぼ
小鼻
のど
おでこ・額《ひたい》
まぶた
まなこ
つむじ
(髪がうずまきのような状態に生えている所)
眉尻《まゆじり》
こめかみ
襟足《えりあし》
うなじ・
首すじ・
盆のくぼ
あご
のどぼとけ

頭・顔・手・足の部分名称

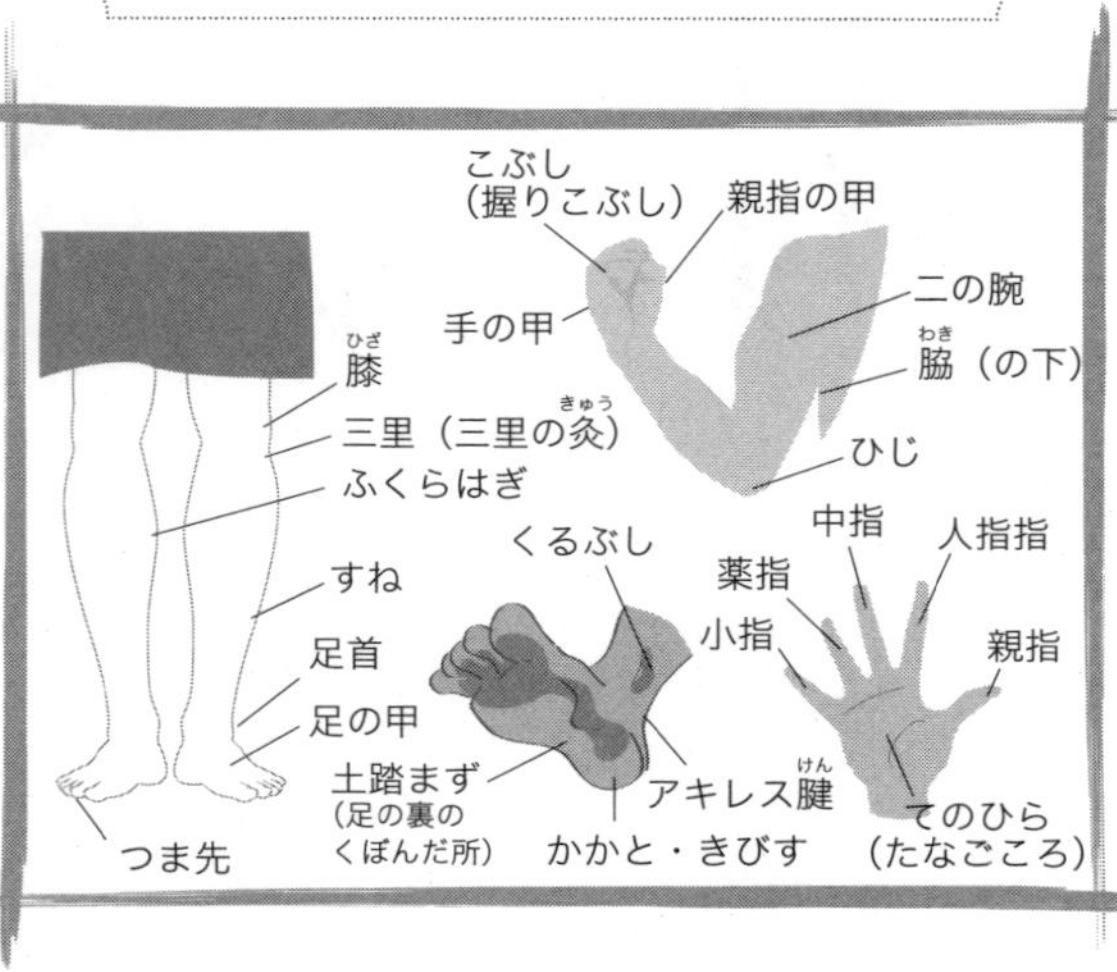
こぶし
(握りこぶし)
親指の甲
手の甲
二の腕
脇《わき》(の下)
ひじ
膝《ひざ》
三里(三里の灸《きゅう》)
ふくらはぎ
すね
足首
足の甲
つま先
くるぶし
中指
人指指
薬指
小指
親指
土踏まず
(足の裏のくぼんだ所)
アキレス腱《けん》
かかと・きびす
てのひら
(たなごころ)

□ 顔が売れる

顔

活動などによって広く世の中に知られて有名になる。

例 そのグループは、デビュー三年目に発表した曲が大ヒットして、世間にようやく顔が売れるようになった。

□ 顔が利《き》く

権力や人脈があって、相手に特別扱いされる、また無理な頼み事ができるような関係にある。

例 一般人には入手困難なチケットだが、あの業界には叔父の顔が利くからなんとか手に入るだろう。

□ 顔が広い

世間に知り合いが多い。いろいろな方面の人と面識がある。

例 あの子は顔が広くて、商店街の店主たちはもちろん、公園で犬を遊ばせている人たち、ジョギングの愛好家、果てはプロボクサーにまで知り合いがいる。

□ 顔から火が出る

ひどく恥ずかしくて、顔が赤くなる。

例 改札を出たら前を父が歩いていたので、「パパ！」と肩をたたいたら、振り返ったのは全然違うおじさんで、顔から火が出る思いをしながら「ごめんなさい。」と謝った。

□ 顔に泥を塗る

面目を失わせる。恥をかかせる。実際に顔に泥を塗った故事などがあるわけではない。

例 メロスが約束を守らなかったら、親友セリヌンティウスは顔に泥を塗られた気分になっただろう。いや、その前に死刑になってしまうから、それどころではないが。

□ 顔を貸す

頼まれて人に会ったり、人前に出たりする。けんかや話し合いのために呼ばれるときに使うことが多い。

例 「鈴木さんが呼んでいるからちょっと顔を貸してくれ。」と言われ、体育館裏に呼び出された。

□ **顔を立てる**

その人の名誉や体面が保たれるようにする。

例 ここは同窓会を開いてくれた幹事の顔を立てて、けんかをせずにお開きにしよう。

□ **顔をつぶす**

その人の名誉を傷つける。相手の体面を損なうようなことをする。

例 ここで私がこの会社を辞めたら、教授の顔をつぶすことになってしまう。

□ **頭が切れる**

頭

頭の働きが鋭く、非常に優秀である。頭脳明晰《めいせき》である。ほめ言葉。怒りや感情の高ぶりが限界まで来て激高し出す、いわゆる「キレる」とはまったく別の言葉。

例 彼は小学生にもかかわらず、非常に頭の切れる探偵だ。

□ 頭が下がる

相手の行い・人柄などに心から敬服する。おそれ入る。

例 通学路で、子どもたちの登下校を毎日見守ってくれるボランティアグループの人たちには頭が下がる。

□ 頭に来る

①怒りや悲しみ、驚きのためにかっとなる。

例 はるばる買いに来たのに売り切れだなんて頭に来た。

②気が変になる。

例 熱が頭に来たようだ。

□ 頭を抱える

どうしたらよいかわからず、非常に困る。

例 授業中の私語がどうしたら減るのか、生徒指導の小松は頭を抱えていた。

□頭をひねる

難しいことについて、考えや答えを出そうとしていろいろと考える。工夫をめぐらす。

例 先生が頭をひねって作った問題を、なんとか解こうと生徒たちは頭をひねった。」

□目が利《き》く

物の価値、善《よ》し悪《あ》し、また偽物か本物かを見分ける能力がある。鑑識力が優れている。

例 祖父は古美術商をしていたので、特に掛け軸に関しては目が利く。

□目が届く

注意・監督が行き届く。

例 頂上に着くと、先生は目の届く範囲で児童を遊ばせた。

□ 目から鱗《うろこ》が落ちる

あることがきっかけになって、急に物事がわかるようになる。もとは『新約聖書』からの表現。目の見えなくなったパウロが祈ってもらったとき、「目から鱗のようなものが落ち」て見えるようになった、というもの。「目から鱗が取れる」は誤り。

例リンゴが落ちるのを見て、目から鱗が落ちるように引力の法則が理解できた。

□ 目から鼻へ抜ける

非常に賢いようす。または抜け目ないようす。

例どんなテーマでも素晴らしい演説をして人を感動させる、目から鼻へ抜けるような人だった。

□ **目くじらを立てる**

取るに足りない失敗をわざわざ取り上げて、大失敗かのように責めたてる。「目くじら」は目尻《じり》のこと。

例 そんな細かなことに目くじらを立てることはないでしょう。「他人のミスにだけは厳しい」と仲間に嫌がられますよ。

□ **目に余る**

黙って見過ごせないほどひどい状態である。

例 そのトンネルの中の落書きは目に余るものだった。

□ 目に角《かど》を立てる

怒って目をつり上げた怖い顔つきになる。似た意味の言葉に「目を三角にする」「目をつり上げる」「目角《めかど》を立てる」などがある。

例 雑誌を立ち読みしていると「えへん、おほん。」という声がして、振り返ると目に角を立てた店員が立っていた。

□ 目につく

目立って見える。または、ふと目に見える。

例 駅前の広場で、子どもが鳩にえさをやっているのが目についた。この夏は、男性でも日傘を差している人が目につくようになった。

□ 目の黒いうち

生きている間。「目の玉の黒いうち」も同じ。

例 会長の目の黒いうちは派閥争いが起きることもないだろう。

□ **目もくれない**

何の興味や関心も示さない。見向きもしない。

例 犬は飼い主の差し出した骨には目もくれず、突然現れた三毛猫をにらみつけ、うなり声を上げていた。

□ **目を疑う**

見たことがあまりにも意外で信じられない。

例 四カ月前はまるで初心者だったのに、どんなトレーニングをしてこんなに成長したのかと、記者は目を疑った。

□ **目をかける**

特別に配慮して面倒を見る。ひいきにする。

例 宮本の才能に気づいた木田コーチは、宮本に目をかけ、ＣＤを貸したりミュージカルに連れて行ったりした。

□ 目を盗む

見つからないようにこっそり物事を行う。

例 ジュリエットは、親の目を盗んで恋人と密《ひそ》かに会っていた。

□ 目を細める

うれしくて、また見ているものがかわいらしくて思わず笑みを浮かべる。

例 はいはいで近づく赤ん坊に、祖父は目を細めて「おいでおいで」と言っている。

□ 目を回す

①気絶する。例 すべり台から落ちて目を回した。

②多忙のためにあわてうろたえる。

例 年末は大掃除と締め切りが重なり、目を回すような忙しさだった。

③ひどく驚く。例 学費の高さに目を回した。

顔の部分名称

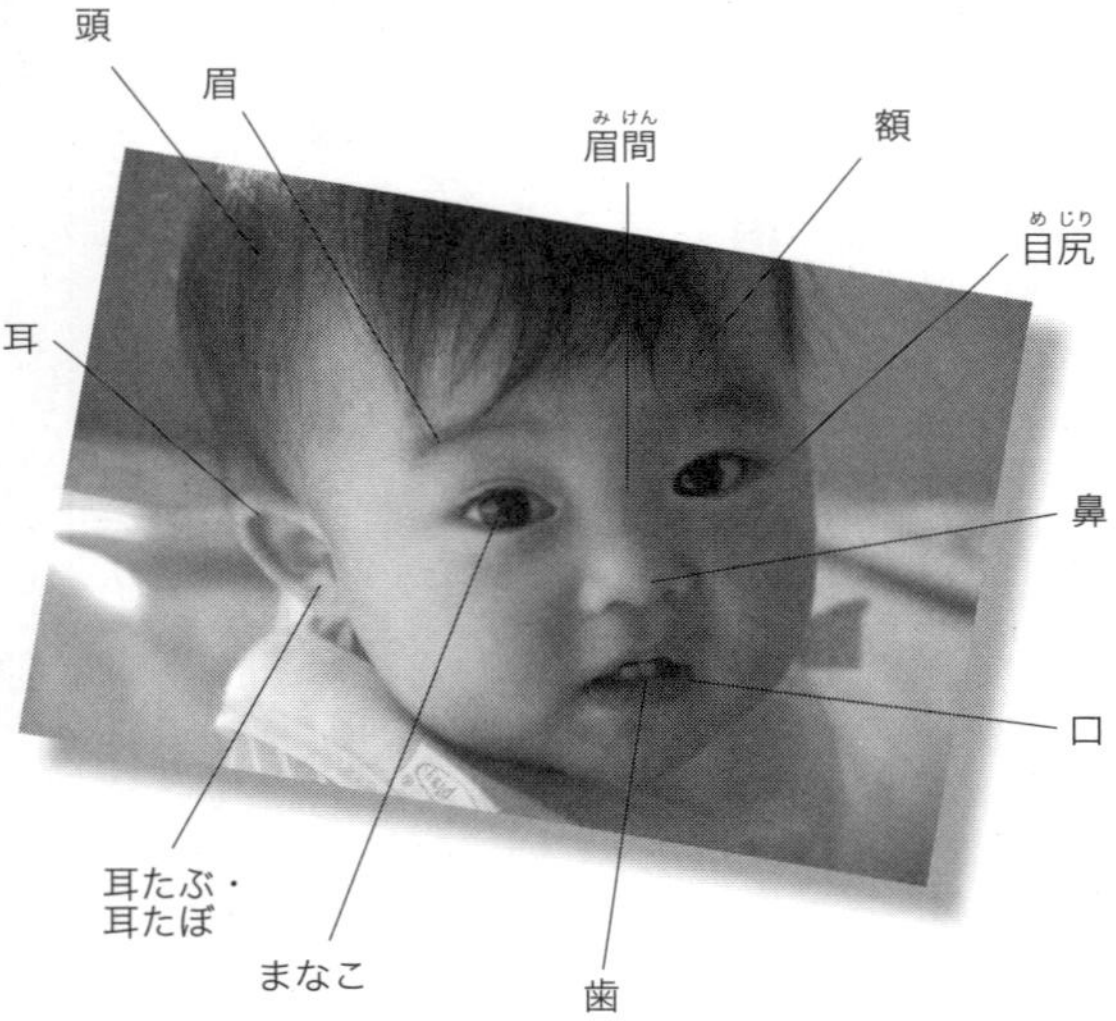
頭
眉
眉間《みけん》
額
目尻《めじり》
耳
鼻
口
耳たぶ・
耳たぼ
まなこ
歯

□ 額《ひたい》に汗する

額

汗を流して一生懸命に働く。

例 夏休み中、額に汗して稼いだお金で念願のドラムセットを買った。

□ 額を集める

多人数が集まって相談する。大勢で知恵を出し合う。

例 暴走族の対策について、自治会の代表が額を集めた。

同じ意味で書き言葉的な硬い表現に「鳩首《きゅうしゅ》する」がある。

例 政界の大物が鳩首して、今後の税制について話し合った。

□ 耳が痛い

耳

他人の言うことが自分の弱点を突いていて、聞くのがつらい。

例「『やせたいけどダイエットは明日から』とか言って、ケーキを食べる人っていますよね。そんなに意志が弱かったら、やせられるわけないのに。」「わあ、耳が痛いわ。それ、私のことですか。」

□ 耳が肥《こ》える

音楽などを何度も聞き込んでいて、聞いて味わう能力が豊かである。音の善し悪しや聞き分ける能力が優れる。「目が肥える」や「口が肥える」も、「肥える」を同じような意味で使った慣用句。

例あの音楽評論家は、ロックを子守歌にして育ったので耳が肥えていて、ギタリストがだれか、演奏がうまいか下手かなどが、ちょっと聞いただけでわかるそうだ。

□ 耳が早い

噂《うわさ》などをすぐに聞きつけるようす。「耳ざとい」ともいう。

例 彼女は芸能人の結婚・離婚に関しての耳が早いので、みんなから芸能情報局と呼ばれている。

□ 耳に逆《さか》らう

聞いていてひどく不愉快になる。多くは、相手はその人のために言っているのだが、聞く方は素直に聞けない、口うるさいと思って不愉快になる、というときに使う。ことわざとして、「忠言《ちゅうげん》耳に逆らう」がある。

例 友人のアドバイスは耳に逆らうだけだった。

□ 耳にたこができる

同じことを何度も聞かされて嫌になる。

例「なせばなる」が父の口癖で、耳にたこができるほど聞かされて育った。

□ 耳にはさむ

聞こうという気もなく、ふと聞く。ちらっと断片的に聞いたときは、「小耳にはさむ」ともいう。

例駅前を歩いているとき、スーパーの跡地には大型衣料店ができると、だれかが話しているのを耳にはさんだ。

□ 耳を貸す

相手の主張や忠告を聞く。相談にのる。

例やめた方がいいと言っているのに、君が耳を貸さないからこんなことになったのだ。私たちの将来のことですが、ちょっと耳を貸して頂けますか。

□ 耳をそろえる

必要な金額を不足なくそろえる。「耳」は「パンの耳」のように縁《ふち》のこと。紙幣の縁をきちんとそろえることから、枚数をきちんと合わせる意味になった。

例 今までにお借りしたお金は、明日必ず耳をそろえてお返しします。

□ 眉《まゆ》に唾《つば》をつける

眉

だまされないように用心をする。うますぎる話を疑う。狐《きつね》や狸《たぬき》に化かされないようにするには眉に唾を塗るといい、という俗信からできた言葉。「眉唾《まゆつば》」ともいう。

例 簡単に大金を手にできるなんていう話は、眉に唾をつけて聞かないと、あとで泣くことになりますよ。

□ 眉《まゆ》をひそめる

心配事で不安になったり、他人の言葉・行為に不快になったりして顔をしかめる。「ひそめる」は眉のあたりにしわを寄せること。

例 コンビニエンスストアの前で輪になって座り、大声でしゃべっている制服姿のグループに、松本は眉をひそめた。

□ 鼻が高い

得意なようす。自慢げなようす。また、自慢に思うようす。

例 ペットの犬がコンクールで銀賞を取り、山川は鼻を高くしている。

□鼻であしらう

相手を軽く見て、ろくに返事もせずそっけない態度をとる。

例 涙声の訴えを役人は鼻であしらい、会議室を出て行った。

□鼻で笑う

馬鹿にして笑う。軽蔑《けいべつ》して笑う。

例 徹夜で描いたデザインだったが、会長は「なんだ、これは。子どもの落書きか。」と鼻で笑った。

□鼻にかける

相手に不快なほど自慢する。

例 杉本はこの間の実力テストで十位以内に入ったのを鼻にかけている。

□ 鼻につく

①悪臭が鼻を刺激する。

例 つけすぎの香水のにおいが鼻につき、気分が悪くなった。

②飽きて嫌になる。嫌みに感じられる。

例 その声優の甘えた声が最初はかわいいと思ったが、だんだん鼻についてきた。

□ 鼻を明かす

思いがけないことをして、優位に立っている相手をびっくりさせる。

例 補欠だけで朝練をして、レギュラーの鼻を明かしてやる。

□ 鼻を折る

得意ぶっている相手をこらしめて勢いをそぐ。

例 いい気になっているあいつの鼻を折ってやろう。

口

□口が重い

口数が少ない。寡黙《かもく》なようす。

例 元来よくしゃべる男だが、彼女の家が近づくにつれ、口が重くなっていった。

森本は口が重い上に、話もあまりうまい方ではない。

□口が堅い

秘密を他人に話さないようす。

例 沖山は口が堅いから、この計画を打ち明けてもだれにも話さないはずだ。

□ 口が軽い

おしゃべりで、言ってはいけないことや言わなくてもいいことまで話してしまうようす。また、そういう性格。

例 浅村は口が軽いから、この計画は絶対に知られないようにしよう。もし知られたら、みんなに話されてしまう。

□ 口が酸《す》っぱくなるほど

嫌になるほど同じことを、繰り返し相手に言い聞かせるようす。言う内容は注意・忠告が多い。

例 「自由研究は早めに取り組みなさい」って、口が酸っぱくなるくらい言ったのに、どうして今日まで何もしなかったの。もう31日よ。

□ 口が減らない

相手になんと言われようと懲りずに屁理屈《へりくつ》や言い訳を言うようす。

例 委員長に理詰めで非難されたが、まだなんのかんのと言い訳を続けている。本当に山田は口が減らないやつだ。

□ 口に合う

食物がその人の好みどおりである。

例 京都からの客なので、料理は少し薄味にした方が口に合うはずだ。

□ 口に上《のぼ》る

他人の噂《うわさ》の対象となる。「口の端《は》に上《のぼ》る」ともいう。

例 その後しばらく、イノシシを退治した高校生として、大野の名前はあちこちで人の口に上ることになった。

□ 口に糊《のり》する

食べるのに精一杯の貧困な生活をしている。「糊する」は粥《かゆ》をすすること。

例 リストラされたあとは、内職をしてやっと口に糊する生活をしていた。

□ 口をきく

①ものを言う。話す。

例 あいつとはもう口をききたくない。

②達者な物言いをする。

例 子どもだと思っていたが、いつの間にか親と対等に口をきくようになっていた。

③事がうまくいくように、両者の仲を取り持ったり紹介したりする。

例 第三高校の南さんにお会いになりたいなら、口をきいて差し上げてもいいですよ。

□ 口をそろえる

①多くの人が同時に同じことを言う。

例「こんなところに畑を作るなんて無理だ。」と、村人は口をそろえて言った。

②前もって打ち合わせておいて、話のつじつまを合わせる。

例アリバイについて、容疑者は共犯者と口をそろえていた。

□ 口を割る

白状する。相手の圧力や脅しでようやく話し出す、というときに使うことが多い。

例メンバーの説得に根負けし、小山は以前所属していたその組織のリーダーについて口を割り始めた。

□ 歯が浮く

歯

軽薄な言動を見たり聞いたりして不快になる。

例どんなかっこいい人からでも、「君の瞳《ひとみ》はダイヤモンド。」とか「君の魔法にかかってしまった。」とか言われたら、歯が浮きそうになる。

□ 歯が立たない

相手が強すぎたり物事が難しすぎたりして、自分の力ではかなわない。

例このクロスワードパズルは難しくて、とても歯が立たない。

□ 歯に衣《きぬ》を着せない

思ったことを飾らずにずけずけと言うようす。

例主人の歯に衣を着せない言い方に、さすがの執事も青くなった。

反対の表現に、「オブラートに包む」がある。相手が気を悪くしないように婉曲《えんきょく》な言い方をすること。例短気な相手なので、オブラートに包むようにして話を切り出した。

□ 歯の根が合わない

寒さや恐怖でふるえおののく。

例 スキーリフトの上に取り残されて三時間、寒さで歯の根が合わなくなってきた。
高い塔の上から下を見ると歯の根が合わなくなる。

□ 首が回らない

首

借金などのやりくりがつかない。

例 家のローンがある上に、車のローンまで組んでしまい、だんだん首が回らなくなってきた。

□ 首を突っ込む

あることに関心を持って関《かか》わったり、興味を持って没入したりする。

例 小学生のくせに、殺人事件に首を突っ込むものではない。

□ 首を長くする

人が来ることやあることが実現することを、非常に待ち遠しく思っているようす。

例 世界一の高さになる、そのタワーが完成するのを首を長くして待っていた。

そろそろ帰りなさい。娘さんが首を長くして待っているよ。

□ 首をひねる

疑問、不満、不賛成を示す。似た意味の語に「首をかしげる（↓P.38）」がある。

例 どうしてそんなところに弁当箱があったのか、誰もが首をひねった。

全身の部分名称

□ 肩で風を切る

肩を怒らせて人を威圧するような態度で歩く。威勢がよく得意な態度をとる。

例 けんかに勝った藤原は、繁華街を肩で風を切って歩くようになった。

□ 肩にかかる

責任や義務を負っている。

例 ここで逆転できるかどうかは、初心者ながらここまで成長した君の肩にかかっている。

□ 肩の荷が下りる

自分の負担や責任がなくなってほっとする。

例 教え子が無事に合格し、家庭教師として肩の荷が下りた気持ちだ。

□ 肩を入れる

力を添える。応援する。ものの下に肩を当ててかつごうとすることから。「肩入れをする」とも。

例 私が肩を入れているチームが優勝しそうだ。名前が同じだからと、あんな歌手に肩入れすることはないだろう。

□ 肩を落とす

ひどくがっかりする。肩の力が抜けて、両腕がだらりと下がったようすから。

例 今年もだめだったと連絡が来て、母は台所の隅で肩を落としていた。

□ 肩を並べる

相手と地位や実力などが対等になる。「比肩《ひけん》する」ともいう。

例 相撲部の主将の和田と肩を並べる力持ちはいない。

□ 肩を持つ

味方をする。ひいきする。

例 昨日までこっちの味方だった吉野まで、あいつらの肩を持ちはじめた。

□ 腕が上がる

腕前や技術が上達する。

例 よく研《と》いだ包丁を使うと料理の腕が上がる。

腕

□ 腕が鳴る

自分の腕力や技能を発揮したくてうずうずする。

例 明日がいよいよ決勝戦だと思うと今から腕が鳴る。

□ 腕によりをかける

いつも以上に十分実力を発揮しようと、意気込んだり張り切ったりする。

例 このバースデーケーキは、私があの人のために腕によりをかけて焼いたものだ。

□ 腕をふるう

能力や技能を思いのままに発揮する。

例 時間も予算もたっぷりあったので、自慢の腕をふるってパーティーのごちそうを用意した。

□ 手《て》があく

仕事が一段落して余裕ができる。自分の仕事のほかに手伝いをする余裕ができる。「手がすく」ともいう。

例仕事の手があいたら庭いじりでもしたいものだ。

運ぶのを手伝ってほしいのですが、だれか手のあいている人はいませんか。

□ 手が焼ける

他人の助けが必要で、面倒や手数がかかる。似た意味の言葉に「世話が焼ける」「手がかかる」がある。

例ゆで卵を持つと「殻をむいてちょうだい。塩を振ってちょうだい。」とうるさくて、本当に手が焼ける子どもだよ。

□ 手に余る

人や仕事などが、どうにもならない。対処しきれない。

例 こんなややこしい仕事はあの人の手に余るでしょうから、応援を頼んだ方がいいですよ。

□ 手に掛ける

①自分で世話をする。

例 手を掛けて育てた菊を菊花展に出品する。

②殺す。

例 森鷗外の『高瀬舟』の喜助は、病身の弟に手を掛けた罪で島流しになった。

□ 手を負う

負傷する。「手負いになる」ともいう。

例 激しい戦いで、参戦したほぼ全員が手を負った。

□ 手を切る

つながりを切る。縁を切る。特に男女関係や好ましくない関係を断ち切る。

例 あの組織とは手を切った方が君のためだ。

すったもんだの末、ようやくあいつと手を切ることができた。未練はまったくない。

□ 手を拱《こまね》く

腕組みをする。そこから、手出しをせずにじっと見ている。やるべきことをせずに傍観する。

例 本当は助けたかったのだが、「あんたには関係ない。」と言われるのが怖くて、手を拱いていた。

□ 手を染める

事業や活動などに着手する。あることをし始める。悪いことに使われることの方が多い。

例 悪い遊びに手を染めたのはずいぶん若いころだった。

□ 手を広げる

行動範囲や仕事などの規模を大きくする。「手広くする」ともいう。

例 人気のケーキショップは、支店を出した上に、ついに通信販売にまで手を広げた。

□ 手を回す

物事を成し遂げるために、こっそり働きかける。

例 あらかじめ出席者に手を回し、委員会の円滑な進行をお願いしたらしい。

□ 胸が痛む

できごとや自分の行動に悲しみやつらさを感じる。

例 児童虐待の記事を見るたびに胸が痛む。

□ 胸が躍《おど》る

期待や興奮で心がうきうきする。

例 明日はコンサートだと思うと胸が躍って眠れない。

□ 胸がすく

不安が解消しさわやかになる。胸のつかえが取れてすっきりする。

例 映画の最後で黒幕が倒されたときは胸のすく思いがした。

□ 胸を打つ

感動する。

例 すでに順位は決まっているのに、最後まで全速力で走り続ける選手の姿に胸を打たれた。

□ 胸を借りる

上位者に練習の相手になって稽古《けいこ》をつけてもらう。もともと、相撲で下位の者が上位の者に稽古をつけてもらうことから。

例 相手は去年の準優勝校だ。胸を借りるつもりで試合しよう。

□ 胸をなで下ろす

安心してほっとする。

例 無事合格の知らせを聞いて胸をなで下ろした。

□ 腹が黒い

腹

心の中で悪いことを企《たくら》んでいるようす。意地悪で根性が悪いようす。「腹黒い」ともいう。

例 腹の黒い王様は、旅人の持っている宝石がほしくなり、旅人に「打たなくても鳴る太鼓を持ってこい」と命じた。

□ 腹を切る

切腹する。責任を取ってやめる。

例 この商品が売れなかったら、いさぎよく腹を切ります。

□ 腹を探《さぐ》る

相手の考え方をそれとなくうかがう。

例 さっき課長に「今週末は忙しいかな。」とすました顔で聞かれたが、あれは残業ができるかどうか、私の腹を探っていたに違いない。

□ 腹を割る

隠し事をせずすべてを話す。本心を打ち明ける。

例 お互いにどう思っているか、今夜は腹を割ってゆっくり話し合おう。

□ へそが茶を沸かす

臍

おかしくてたまらないようす。ばかばかしくて仕方ない。多くはあざけりの意味を込めて使う。「へそで茶を沸かす」ともいう。

例ブドウの種を食べると頭から芽が出てくるなんてあり得ないよ。そんなおかしな話、へそが茶を沸かすよ。

□ へそを曲げる

機嫌《きげん》をそこねてすねる。

例上の空で返事をしていたら、その子はすっかりへそを曲げ、「もう教えてあげない。」と走って行った。

□ 腰が高い

腰

尊大で横柄《おうへい》な態度をとるようす。

例 あの政治家はお坊ちゃん育ちだからか、腰が高いね。

□ 腰が抜ける

驚きや恐怖で立てなくなる。気力が失《う》せる。

例 暗がりから「わっ。」という叫び声とともに人が飛び出てきたときは、腰が抜けそうになった。

□ 腰が低い

愛想よく、へりくだった気持ちで接するようす。謙虚なようす。

例 新しい知事は腰が低く、廊下ですれ違う職員にも自分からあいさつしている。

□ **腰を据《す》える**

①どっしり落ち着いてあることに取り組む。

例 なかなかの難問のようだから、腰を据えて取りかかろう。

②ある場所や仕事を定めて落ち着くこと。

例 やっと、この町に腰を据えて生きる覚悟ができたようだった。

□ **膝《ひざ》が笑う**

足ががくがくして力が入らない。

例 山歩きをした次の日は膝が笑って歩けなかった。

膝

□ 膝を打つ

はっと気づいたり、何かに感心したりすること。そういうときに膝を手のひらでポンとたたくことから。

例 あの作家の本には必ず何カ所か、「そうだったのか！」と膝を打ちたくなる場面がある。

□ 膝を交《まじ》える

同席し、親しく打ち解けて話し合う。

例 こんな堅苦しい会議のあとは、膝を交えて食事でもしようではありませんか。

□ 足がつく

犯人などの手がかりが見つかる。「足」は足取りのこと。

例 現場に残っていた鳥の羽から足がつき、真犯人が捕まった。

□ 足が出る

①秘密がばれる。「馬脚《ばきゃく》を現す（↓P.171）」と同じ意味。

②予算以上に費用がかかる。赤字になる。現在はこちらの意味が一般的。

例 有志でお金を出し合ってたこ焼きの屋台を出したが、売れ行きが思わしくなくて、最終的には足が出た。

□ 足を洗う

汚れた足を洗ってきれいにする、という意味から、今までのよくない生活などをやめて、まじめになる。

例二〇一〇年二月に「この世界から足を洗ったら農業をやりたい。」と首相が発言し、政界引退を「足を洗う」と表現するとは、と世間を驚かせたことがある。

ゲーム漬けの毎日から足を洗って、就職活動に専念しようと決意した。

□ 足を抜く

悪い仲間から抜け出る。関係を絶つ。

例深夜に大勢で国道を暴走する、あんなバイクグループからは足を抜くべきだ。

□ 骨身を削《けず》る

からだがやせ衰えるまで努力する。非常に苦労をしているようす。「身を削る」ともいう。

例 祖父が死んだあと、祖母は骨身を削って働いて父を育てたそうだ。

□ 骨を埋《うず》める

その土地で死ぬ。また、あることに一生を捧《ささ》げる。死ぬまでその仕事をする。「埋める」の読みは「うずめる」で、「うめる」ではないことに注意。

例 五郎は、メジャーリーガーとしてアメリカに骨を埋める覚悟で出発した。

動物に関する慣用句

犬も食わない
虫の居所が悪い
猫の手も借りたい
鶴の一声
木から落ちた猿

頭の黒い
烏の
虎の巻
鳩に豆

□ 犬と猿

犬

非常に仲が悪いことのたとえ。「犬猿《けんえん》の仲」ともいう。

例田中と森口は犬と猿だから、とてもバッテリーなんか組めないだろう。

□ 犬の遠吠《とおぼ》え

弱い犬は遠く離れたところからしか人に吠えかからないことから、臆病者《おくびょうもの》が陰で強がったり、人の批判をしたりすること。

例監督のここが困るとか、家で言ってても犬の遠吠えよ。言いたいことがあったら、直接監督に話すか部長に相談してごらん。

□ 犬も食わない

食べられるものならなんでも食べる犬でさえ見向きもしない、という意味から、嫌がられ、だれにも相手にされないこと。

例「お父さんとお母さんがけんかをしているよ。」「夫婦げんかは犬も食わないと言うでしょ。ほっときなさい。」

□ 飼い犬に手をかまれる

世話や面倒を見てやった者に裏切られること。

例今まで私の手となり足となって働いてくれた部下が他社に内部情報を売るなんて、飼い犬に手をかまれたような気持ちだ。

□ 馬が合う

乗馬で、乗り手と馬の呼吸がぴったりと合っている状態から、どことなく気性が合う。意気投合する。

例 米田とは初めて話したときからなんとなく馬が合い、それ以来いつも一緒にいるようになった。

□ 馬の骨

素性のわからない者。バカにして悪くいうときに使う。

例 どこの馬の骨ともわからないあんたに、大事な孫のボディーガードなどさせられない。

□ 馬脚《ばきゃく》を現す

「馬脚」は芝居で馬の足の役をする人のこと。馬の胴体に上半身を入れ、足しか見えていない状態で舞台に出る。その馬脚がつい姿を見せてしまうという意味から、隠していた正体が現れる。化けの皮がはがれる。

例 圧倒的な支持を得てリーダーの座についた石井だが、次第に馬脚を現しはじめた。石井には虚言癖があったのだ。

□ 烏《からす》の行水《ぎょうずい》

入浴時間が非常に短いこと。

例 そんな烏の行水ではからだが温まらないよ。もう一回お風呂場に行って、もっとしっかりお湯につかってきなさい。

□ 烏《からす》の鳴かない日はあっても

毎日のように鳴く烏が鳴かない日があったとしても、あることは毎日欠かさずする、起こる、ということ。毎日の習慣や必ず起きる出来事を強調する表現。

例 烏の鳴かない日はあっても、私がおやつを食べない日はない。
烏の鳴かない日はあっても、電車の中でケータイの鳴らない日はない。

□ 木から落ちた猿《さる》

頼りにするものを失って、どうしたらよいかわからない状態にあること。同じ意味の言葉に「陸《おか》に上がった河童《かっぱ》」がある。

例 強力な後見人《こうけんにん》でもある大叔父を失い、池田氏は木から落ちた猿のようになった。

□ 猿に烏帽子《えぼし》

猿に烏帽子をかぶせるように、外見だけ装って、内面がそれに伴わない、または人柄にふさわしくない言動をあざけっていうことのたとえ。

例 首相がプレスリーの格好をするとは、猿に烏帽子だ。サングラスまでかけて、何を考えているのかわからない。

□ 猿の人まね

よく考えもしないで他人がすることのうわべだけをまねること。そういうことをする人をあざけるときに使う。「猿まね」ともいう。

例 ブラジルチームの体操を取り入れたようだが、一つひとつの動きの意味を知らずに、ただ同じようにからだを動かしているだけなら、猿の人まねに過ぎない。

□ 雀《すずめ》の涙

金額や量がごくわずかであることのたとえ。

例まだ見習いの扱いだったので、その月のアルバイト代は雀の涙ほどだった。

□ くちばしが黄色い

鳥のひなはくちばしが黄色いことから、まだ年が若く、未熟なようす。若い人をあざけるときに使う。「くちばしの黄色い○○」とも使う。

例山田はくちばしが黄色いから、あのクレーマーをなだめるのは無理だろうな。考古学が専門らしいが、まだくちばしの黄色い新米学芸員だ。中山の判断は当てにならないだろう。

□ 鶴《つる》の一声《ひとこえ》

その発言で物事が決まってしまうほど権力のある有力者の一言。

例 悪天候の中、登山を続けるか山小屋に引き返すかの協議が始まったが、「行こう。」という部長の鶴の一声で、登山の続行が決まった。

□ 虎《とら》になる

ひどく酔っぱらう。

例 ふだんは物静かな人だが、酒を飲むと大声で騒ぐ虎になってしまう。

□

虎《とら》の尾を踏む

非常に危険なことをする。

例 一人で敵の本拠地に忍び込むなんて、虎の尾を踏むようなものだよ。

□

虎の子

虎が子どもを大切に守り育てることから、大切にして放さないもの。また、秘蔵の金品のこと。

例 仏壇の引き出しには祖母の虎の子、通帳が入っているはずだ。

□ 虎の巻《まき》

芸道の秘伝の書。教科書の内容を解説した本。手軽な参考書。

例 十分に予習をする時間がなかったので、とりあえず虎の巻を見て和訳を教科書に書き込んだ。

□ 張《は》り子《こ》の虎

張り子で作った虎のおもちゃ。頭をつつくとゆっくりと首を振ることから、主体性がなく何事にもうなずく人、首を動かす癖のある人をさす。また、張り子の虎は紙で作った中が空洞のおもちゃであることから、実力もないのに虚勢を張るようすもさす。

例 社長の子どもが二代目社長になって威張りはじめたが、経営のことは何も知らない張り子の虎だった。

□ 借りてきた猫《ねこ》

猫

ふだんと違っておとなしい状態。

例 公園で見たときはにぎやかに友達としゃべっていたが、両親とうちに来たときは借りてきた猫のようにおとなしかった。

□ 猫に鰹節《かつおぶし》

猫のそばに大好物の鰹節を置くと、油断するとかじられてしまうことから、過ちが起きやすい、または大変危険であることのたとえ。

例 マンガのある部屋で勉強させるなんて、猫に鰹節、勉強なんかしないでマンガを読んでいるに違いないよ。

□ 猫の手も借りたい

実際には役立たない猫の手でも借りたいくらい、非常に忙しく、いくらでも人手が必要なこと。

例 大みそかは大掃除やおせち作りと、猫の手も借りたいくらい忙しい。

□ 猫の額《ひたい》

土地や庭の面積がごくわずかなこと。猫の額が狭いことからできたたとえ。

例 猫の額のような庭だったが、季節の花を植え、テーブルと椅子《いす》を置いて、我が家なりのガーデニングを楽しんでいた。

□ 猫の目

猫の瞳《ひとみ》のかたちが明るさで変わることから、移り変わりの激しいこと。

例 さっきまで怒っていたのにもう笑っている。あと少ししたらまた怒り出すかも知れない。猫の目のように機嫌《きげん》が変わるから相手をするのが大変だ。

□ 猫《ねこ》も杓子《しゃくし》も

何もかも。だれもかれも。みんなが同じようなことをするようす。

例 ある食品が健康にいいとテレビで紹介されると、猫も杓子もその食品を買いに走る。バナナ、きなこ、寒天など食品は変わるが、人々の心理は変わらない。明日は何がはやるだろうか。

□ 猫をかぶる

本性を隠し、おとなしそうにするようす。

例 本当はおしゃべりが大好きなのだが、研修中は猫をかぶってあまりしゃべらなかったので、みんなは私のことを無口なおとなしい子だと思っているようだ。

□ 頭の黒い鼠《ねずみ》

髪の毛が黒い人間を鼠になぞらえて、鼠がものをかすめ取るように、ものを盗む人間のこと。

例 あら、クッキーがなくなっている。どうやらこの家には頭の黒い鼠がいるようね。

□ 鳩《はと》に豆鉄砲《まめでっぽう》

驚いて目を見張ったりきょとんとしたりするようす。「鳩が豆鉄砲を食ったよう」「鳩が豆鉄砲を食らったよう」ともいう。

例 突然の告白に、佐山氏は鳩が豆鉄砲を食らったような顔になり、目をぱちぱちとしばたいた。

□ 蛇《へび》の生殺《なまごろ》し

蛇を生かしも殺しもしないで、半死《はんし》半生《はんしょう》の状態にして放っておくことから、

①人を痛めつけて、とどめを刺さない状態で放置し、苦しめること。

例 敵を尋問《じんもん》したあと、蛇の生殺しにしておいた。

②物事の決着をつけず、中途半端な状態で放置すること。

例 履歴書を出し、面接まで受けたのに、何の返事もくれない蛇の生殺し状態だ。

□ 虫がいい

身勝手で自分の都合《つごう》ばかり考えて厚かましい。「虫」は人のからだの中にいて、からだや心にさまざまな影響を与えると考えられていた。

例 何の資格も持っていないのに、平日の午前十時から午後二時までで、時給千二百円以上なんて虫のいい条件で、そうそう仕事が見つかるわけがない。

□ 虫の息

今にも絶えそうな弱々しい息、息づかい。今にも死にそうなようすのこと。

例 雪の登山道で、先を歩いていた人が崩れるように倒れたので慌てて助け起こしたが、すでに虫の息だった。

□ 虫の居所《いどころ》が悪い

ふだんより機嫌《きげん》が悪く、ちょっとしたことでも腹を立てるようす。

例 いつもなら笑って済ますような冗談に本気で腹を立てるなんて、今日の山田さんは虫の居所が悪いようだ。

□虫の知らせ

なんとなく起こる予感。あまりよくないことが起こりそうな、胸騒ぎに対して使うことが多い。

例電車に乗ろうとしたとき、何か虫の知らせのようなものを感じ、ホームに戻ってまず取引先に電話をかけることにした。

□虫も殺さぬ

小さな虫でさえ殺さないような、穏やかで上品そうなようす。実はそうではない、というような場合に使うことが多い。

例やっとわかった。虫も殺さぬ優しい顔にだまされていた。黒幕はあの人なのだ。虫も殺さないような優美な笑顔を見せたが、その目は笑っていなかった。

京都書房ことのはチーム
岩﨑夏子　川上　茜
岸本和子　杉野麻希
羽田　梓　林あずさ
星野圭亮　三木清樹

〈は行〉

〈た行〉

〈な行〉

〈さ行〉

語句索引

京都書房ことのは新書　001

明日から使える　慣用句

2011年7月1日　初版　第1刷発行

編　著　京都書房編修制作部
発行者　時岡　伸行
発行所　株式会社 京都書房
京都市伏見区深草フチ町5　〒612－8438
営　業　部　☎075－647－0121　℻075－647－2700
編修制作部　☎075－647－0124　℻075－647－2703
ホームページ　http://www.kyo-sho.com

装幀　梁川　智子
組版　株式会社ＫＳＴプロダクション
印刷・製本　株式会社 太洋社

ISBN978-4-7637-2601-8